リーダーのための

心を強くする論語 人生が変わる名言

広瀬幸吉

学校図書

◉まえがき

「創業は易《やす》く守成《しゅせい》は難《かた》し」ということわざがあります。新しく事業を興すことよりも、その事業を受け継いで守り続けていくことのほうが難しい、という意味です。

私は、『論語』の大きなテーマは「安寧《あんねい》」と「継続」にあると考えています。実際、日本の企業風土も「安寧」と「継続」を重んじてきました。

たとえば、創業して二百年以上経つ老舗が、世界中の老舗企業の半数以上を占めていることでも、それは証明できるでしょう。また、江戸時代のように二百五十年以上もの間戦いのなかった国も、世界では日本だけです。

私と『論語』の出会いは、二百六十年続く徳川幕府のレールを敷いた、家康に興味を持ったことがきっかけでした。創業の苦しみを超えて、磐石の守成まで手がけた家康に、大きな感銘を受けたのです。その平凡なる非凡人である家康の教則本が、「四書五経《ししょごきょう》」でした。

私は、「四書五経」の手始めとして、まず『論語』を深読《しんどく》しました。爾来《じらい》五十数年が経ちましたが、七十歳を過ぎた今でも、企業経営において、個人生活において、随所に『論語』の言葉に教えられています。逆に、七十歳を過ぎたからこそ、『論語』のエキスを、「安寧」と「継続」と考えるのかもしれません。

第一部の「心を強くする論語」は、企業の継続を念頭に、経営者に必要な哲学、理念を描いて執筆しました。『論語』の中から、私たちの身のまわりに使われている文言を抽出し、現代社会に生きる解釈を試みたわけです。千葉県中小企業家同友会の月報「同友ちば」に、五年近く連載した記事がもとになっています。

第二部の「人生が変わる名言」は、知人、友人との交友のなかで、また、これまでの教職五十年の体験を通して見聞きした事柄を、コラム風にまとめたものです。

読者諸賢におかれましては、一部、二部とも著者の執筆にいたる心理過程をご賢察の上、ご一読いただければ幸甚です。

今後、リーダーとしての飛躍を望む方々はもちろん、経営者や政治家、教育者、若い人たちなど、幅広い層の皆様の一助となれば、望外の喜びです。

平成二十九年三月

著者

◉目　次

第二部　人生が変わる名言

◉リーダー編

◉家庭教育編

◉若い人たちへ

◉装丁・本文デザインＤＴＰ／鶴田環恵　◉編集／松永 忍

第一部

心を強くする論語

北辰《ほくしん》その所にいて

たとえば北辰《ほくしん》その所《ところ》にいて、
衆星《しゅうせい》のこれに共《むか》うが如《ごと》し
（為政篇《いせいへん》）

北辰とは北極星のことです。北極星は常にその位置を変えず、他の星は北極星を中心として回っているように見えます。

そこで孔子は「国を治めるのに徳をもってすれば、この北極星のように、人民の心は自然と為政者に向かうものだ」と教えたのです。

「徳」とは、本来、人が持っているまっすぐな心をいいます。やさしさや正直さ、学ぶ姿勢や礼儀を重んじ、信頼される人となり（人柄）のことです。徳を身につけることは、人としての基礎づくりを意味します。

何事を成すにも、基礎がなくては物事は大きく成就しません。そこそこのレベルまでは行くかもしれませんが、本物にはならないのです。それは、根っこが大地に張っていない盆栽と同じです。盆栽は恰好はいいが、人の手がなければ枯れてしまいます。基礎が強固ではない建物も同様です。見た目は同じでも、長い間の風雪や地震には耐えられません。

基礎づくりは、地味で忍耐を要します。人の目に触れることもなく、すぐには成果が表れず、コツコツと、ただひたすらコツコツと積み上げていくものです。

しかし、その地道な精進を続けていると、いつの日か必ず、その人に大きな役回りが巡ってきます。運命がパッと開けるのです。その時を逃さず、俊敏にチャンスをつかまえ、そして一気呵成《かせい》に仕事を成し遂げねばなりません。

基礎ができているのですから、その力は充分あるはずです。周囲からも、きっと応援してもらえるでしょう。明治の幕開けを演出した勝海舟と西郷隆盛の「江戸城無血開城」は両雄による「コツコツそして短期決戦」のたまものでした。

二人はともに下級武士として生まれ、幼少時より学問と武道を通して、人格の基礎を積み上げてきました。慣習である武家としての学問、修行をないがしろにせず、加えて、新しい時代の波を感じ取り、世界の情勢を学んでいったのです。

それまで二人が出会ったのは、たった一回ともほんの数回ともいわれていますが、国を想う心は相通じており、江戸城攻撃の回避と開城の談判は、わずか二日間でした。緊迫した状況のなか、海舟は単身馬に乗って薩摩藩の江戸屋敷に向かいます。迎える西郷も礼儀正しく穏やかに対応し、両者の話し合いは言葉少なく静かに行われたといいます。

用捨行蔵《ようしゃこうぞう》

これを用《もち》いれば則《すなわ》ち行《おこな》い、
これを捨《す》てれば則《すなわ》ち蔵《かく》る
（述而篇《じゅつじ》）

蔵《かく》るとは退くことです。意訳すれば、「自分の出番がくれば責任を持って事に当たるが、自分が必要とされなければあえて表に出ない」ということです。この論語から、「用捨行蔵」という四字熟語が生まれました。

私たちは、人が見ているか否かにかかわらず、自分を高めるための精進を惜しんではなりません。「見えざるを努む」と言いますが、常に学び、自らの内奥に力を矯《た》める努力をするのです。すると、いつか自分を必要とするチャンスがきて、相応の力を発揮することができるようになります。それが「用いられれば行う」ということです。

「捨てられれば蔵る」とは、その対句と言ってもいいでしょう。広義に解すれば、いつまでも「オレがオレが…」と出すぎるものではない、ということです。

私が三年前に上梓した『海舟の論語的生き方』（小社刊）に、海舟の魅力の一つとして、引き際の見事さを挙げています。

自分が世に出るか退くかは、自分自身で考え決める。「行蔵は我に存《そん》す」と、海舟は、常にその覚悟で事に当たっていました。

世に出るとき退くときを、別の表現では出処進退と言いますが、太平洋戦争で連合艦隊司令長官を務めた山本五十六元帥《げんすい》は「出るときは人に任せ、引くときは自ら決せよ」と言っています。他人がまだまだと引き留めてくれても、自らが状況をよく見極め、綿々とその地位にとどまらないという、潔さと決断が伝わってくる言葉です。

海舟は、人生をほととぎすに見立てて句を詠んでいます。

時鳥《ほととぎす》、不如帰《ほととぎす》、ついに蜀魂《ほととぎす》

時鳥も不如帰も蜀魂もすべて、ほととぎすのことです。時鳥は、まだ若くいい声で鳴くほととぎす。不如帰は、鳴き声に少々陰りが出てきたほととぎす。蜀魂は、年を取ってもう声も出せなくなったほととぎすです。

私は、社会的な地位からの引き際は、「熟鳥《じゅくどり》」の不如帰の頃がよかろうと解釈しています。何事も引き際が肝心ということでしょうか。

美《び》点《てん》凝《ぎょう》視《し》

閔《びん》子《し》騫《けん》、誾誾如《ぎんぎんじょ》たり。子路《しろ》、行行如《こうこうじょ》たり。冉有《ぜんゆう》と子貢《しこう》、侃侃如《かんかんじょ》たり。子楽《したの》しむ

（先進《せんしん》篇）

「閔子騫は慎み深く、子路は血気盛んで、冉有と子貢はのびのびとしている」

孔子は、弟子たち一人一人の気質や性格、長所や短所をよく理解していました。

この語句は、孔子が弟子たちの様子を楽しげに眺めながら評した言葉です。

実際に後日、閔子騫は孔子の下で優れた弟子となり、子路は仕官した国の内乱によって死んでしまいます。

「人を見て法を説け」「病に応じて薬を与えよ」と言われるように、人にはそれぞれ個性があります。

徳川家康が、いかにも暗い顔つきの家来を遠ざけずにいるのを不審に思った重臣がそのことを問うと、家康はこう言ったといいます。「通夜の席に、自分の名代として行くには最もふさわしい」

家康の人使いの妙が表れたエピソードですが、まさに「美点凝視」「適材適所」ということでしょう。

勝海舟も「人はどんなものでも、けっして捨てるものではない。いかに役に立たぬといっても、必ず何か一得はあるものだ」「鴨の足は短く、鶴のすねは長いけれども、それぞれ用があるのだ」と言っています。

海舟は、徳川幕府の全権を任せられたほどの身分でありながら、火消しの親分の新門辰五郎や博徒たちとも親交を持ち、落ちぶれた祈祷師にも会いに行くなど人脈を大切にしていました。

その海舟は、幕府方に拘束されていた薩摩藩士益満《ますみつ》休《きゅう》之《の》助《すけ》を処刑寸前に救済、身柄を預かります。

益満は、西郷隆盛の命を受け江戸を混乱させた罪で逮捕された、いわば幕府の仇敵《きゅうてき》でした。しかし翌年、海舟の命を受けた益満は山岡鉄舟に同行し、西郷との会談を実現させています。

家康や海舟の成功の秘訣は、「人をやたらに捨てない」という哲学があったからなのかもしれません。

孔子が弟子たち四人の特質をよく見て評価したように、私たちも、自分と相手の個性を知ることが大切です。その上で自分を生かし、相手を生かす術を見出すのです。

今、汝《なんじ》は画《かぎ》れり

力《ちから》足《た》らざる者《もの》は中道《ちゅうどう》にして廃《はい》す。
今《いま》、汝《なんじ》は画《かぎ》れり

（雍也《ようや》篇）

弟子が自らの力不足を嘆き、孔子門下を去ろうかと心が揺れているとき、孔子が言った言葉です。

「本当に力が足りない者なら、最大限に頑張っている途中で、力が尽きて倒れてしまうだろう。しかし、おまえはそこまで行っていないのに、自分で自分の限界をつくっている。できない言い訳をしている」

「画れり」とは限界をつくる、ということです。

江戸時代の国学者・本居宣長《もとおりのりなが》は、医者をするかたわら、日本最古の歴史書である『古事記』の研究に励みました。

奈良時代に編纂された『古事記』は、江戸時代には、もはや誰も読み解くことができなくなっていました。その歴史書の解説本である『古事記伝』を、宣長は三十五年余りもの年月を費やして、六十九歳のときに完成させたのです。

その彼が言うには、「物事において、遅いということはない。能力がないということもない。まして時間がないということなどけっしてない。恐れるべきことは、やる気がないことだ」

言い換えれば、「意欲」が欠如すれば、何事も成し遂げられない、ということでしょう。

私たちの仕事や人生における実績や成果は、「能力×意欲」の計算式で成り立っているといわれます。

「能力」が１００でも「意欲」が20ならば２０００の成果であり、「能力」が50でも「意欲」が１００ならば５０００の成果が挙げられるというわけです。

そして能力には、その人がそもそも持っている才能のほかに、体験が大きな力となります。年齢を重ねても、「体験×意欲」によって、可能性はさらに広がるのです。

孔子が弟子に言った「今、汝は画れり」という言葉を、たいていの人は一度ぐらい心の中で思ったことがあるはずです。私たちは、事に当たる前から、あるいは取り掛かったあとでも、安易にあきらめてしまう傾向があります。

目標を立てて全身全霊を傾ける。だからこそ、道は拓けるのです。やる気さえあれば、たとえ行き詰まっても、次なる転機、運気が回ってくるものです。

過ぎたるは及ばざるがごとし

過《す》ぎたるは、なお及《およ》ばざるが如《ごと》し
（先進篇《せんしん》）

この文言は、「何事も、度を越すと足りないのと同じようによくない」という意味のことわざとして有名です。

人が生まれながらにして持っている本能である性欲、食欲、睡眠欲は、種の保存や生命の維持のために、必要不可欠なものです。しかし、その本能であっても、度が過ぎると病気の元となります。

また、その三大本能に加えて、社会的な動物である人間ならではの本能もあります。他人に認めてもらいたいという認知欲求と、仲間に囲まれていたいという群居本能です。

とくに認知欲求は、時に向上心となり、時に忍耐力や持続力を生む源泉となり、優れた人物になるための大きな要因となります。しかし、それも度が過ぎると、身を滅ぼす原因にもなるのです。

勝海舟、山岡鉄舟とともに「幕末の三舟」として名高い高橋泥舟《でいしゅう》は、人の欲について「欲深き人の心と降る雪は、積もるにつれて道を失う」という句を残しています。

人間は欲の多い動物です。欲望をどんどん膨らませ、もっともっとと多くを望みます。そしてそれは、人としての性《さが》であるとも言えます。しかし、往々にして、その性が悲しみをもたらすのです。

人生の間違いは「驕《おご》りの一字」と言います。驕りは、必要なものより欲しいものを手に入れ、人より優位に立ち、得意になって誇りたいという気持ち、欲望から起こります。

欲の行き過ぎを戒める言葉として、老荘思想の中にも「足《た》るを知る」という言葉があります。もっともっとと思う前に、自分にとって何が必要かをよく考え、必要以上を望まず、それに満足するということです。

徳川家康は、本項の論語を家康流にアレンジし、遺訓の中でこう語っています。

及ばざるは過ぎたるより勝れり
人はただ身の程を知れ草の葉の
露も重きは落つるものかな

義を見てせざるは勇なきなり

義《ぎ》を見《み》てせざるは勇《ゆう》なきなり

（為政篇《いせいへん》）

「人として行うべきことと知りながら、それをしないのは勇気がないということだ」。よく耳にするこのことわざは『論語』が出典です。

「義」とは、人として守るべき道、道理のことです。正義と表現する場合もありますが、「困っている人がいたら助ける」くらいに解釈してもいいでしょう。

五十年ほど前、「小さな親切運動」がブームになったことがありました。小さな親切ならば誰でもができること。でも、それをするには少し勇気が必要です。そのことがよくわかっていたので、あえてスローガンに掲げたのでしょう。

今、その時代よりも人づき合いが困難とされ、人間関係が希薄になる傾向があります。コンピュータの出現以来、いちいち人を介さなくても連絡ができるようになりました。

しかし、職場ではもちろんのこと、家庭や個人生活にとっても、人とのつながりは最も大切です。そのつながりや和を保つための知恵が、この論語なのではないでしょうか。

私は企業に呼ばれて講演に行くと、よく「か行の教え」について話します。事業経営において、心すべきことを「かきくけこ」の文字を通して述べるのです。

「か」とは、「風通し良く」。職場はコミュニケーションが大事です。ほうれんそう（報告・連絡・相談）の徹底は、会社経営にとって不可欠です。

「き」とは、「気合を入れる」または、「気を合わせる」。やる気とチームワークがそろうと、まさしく鬼に金棒です。

「く」とは、「工夫する」。現状に満足することなく、今一歩、よりよくなる方法を考えるのです。企業が活性する第一の条件です。

「け」とは、「けじめをつける」。仕事のけじめは整理整頓から始まります。物を整頓し、考えを整理する。そうすれば仕事の効率がアップし、やるべきことが峻別され、また問題点も見つかります。

「こ」とは、「行動する」。どんなためになる教訓でも、実践に移さなければ何の意味もありません。行動こそがいちばん大事なことなのです。

これらはすべて当たり前のことです。当たり前のことを当たり前にする。その姿勢が最も大切なのです。

必ず隣有り

徳《とく》は孤《こ》ならず。必《かなら》ず隣《となり》有《あ》り

（里仁篇《りじんへん》）

街中を歩いていると、ときどき「有隣《ゆうりん》」という名称を見かけます。明治時代に横浜で創業した書店の老舗「有隣堂」もそうですが、名前の由来はこの論語です。「あなたはけっして独りではありません。必ず理解し共鳴する人が現れます」という教えですが、それは誰にでも当てはまるというわけではありません。あなたが徳を持った生き方をしていれば、という言葉が前段にあるのです。

徳のある人は孤立することがなく理解し助力する人が必ず現れる、というこの論語の意をわきまえた上で、「有隣」という語句が世に知られているのです。

その「徳」は、「真心を行う」という漢字の組み合わせから成り立っています。企業においての「徳業」としては、近江商人がモットーとした「三方よし」がよく知られています。「売り手よし　買い手よし　世間よし」というこの理念は、自分もいいが相手もいい、そして世のためにもなる、という考え方です。

近江商人とは、鎌倉時代から昭和の時代まで活躍した近江国・滋賀県の商人たちですが、現在、日本を代表する企業にはその流れを汲む企業が多く、住友財閥や伊藤忠、双日といった大商社や、日本生命、武田薬品、高島屋、西武グループなど、例を挙げれば枚挙にいとまがありません。近江商人が、何世紀にもわたって商売を続け、発展できた理由の一つには、根底に「三方よし」という「徳業」の理念があるからでしょう。

儒教は二千五百年前、中国の歴史の中でも国が極めて乱れていた時代に生まれました。孔子は、この不幸な世の中でどうしたら皆が幸せに暮らせるのかと悩み考え、思想を深めたのです。『論語』は、国家の、社会の、家庭の安寧と、それを継続させるための哲学書だといえます。

その究極の思想は継続です。企業でいえば、何世代にも受け継がれる会社にするということ。家庭では、祖父母から継いだ財産や教えを、子や孫に引き継ぐということです。

ですから、「三方よし」の徳業の理念を持った近江商人は、いくつもの時代をくぐり抜けながらも、家業を継続させていったのでしょう。「徳業」という強い信念を持っていれば、必ず隣有り。たとえ困難にあったとしても道が拓け、応援者や仲間が助けてくれる、ということなのです。

多く聞く

多《おお》く聞《き》きて疑《うたが》わしきを闕《か》き、
慎《つつし》みて其《そ》の余《あま》りを言《い》えば、則《すなわ》ち尤《とが》め寡《すくな》し
（為《い》政《せい》篇）

「多く聞く」の出典は、就職に成功する方法を弟子の一人が質問してきたとき、孔子がアドバイスした論語にあります。

孔子の訓《おし》えは、現代の私たちにもわかりやすく、人生や日常に役立つものばかりです。要約すると次のような意味になります。

「なるべく多く聞くがいい。そして言葉少なく慎重に行動していれば、自然に道は拓けてくる」

孔子は、安定した就職先を得るためには、確かな情報を収集することがまず肝心で、その上で言動に注意しなさいと諭《さと》しています。

情報が大事なことは今も昔も変わりませんが、孔子はそれをわかりやすく、「多く聞く」と教えたのです。また原文には、たくさん見て疑わしいものやあいまいなところはやめなさい、ともあります。

人は元来、聞くことよりもしゃべるほうが得意です。人が話しているときでも、次に自分が話すことを考えていて、人の話を真剣に聞いていないことがあります。

ですから孔子は、まず多く聞きなさいと言っているのです。

人の話をよく聞き、世情の声に耳を傾けて、世の中の流れや人心の妙をキャッチする、それが情報を得るということでしょう。

情報を重要視した織田信長には、天才信長らしいエピソードがあります。今川義元を破った桶狭間の戦いで、信長が最大の功労者としたのは、一番槍の武将でも義元の首を取った武将でもなく、義元が桶狭間で休憩するという情報を持ってきた者であった、というのです。それ以来、信長には情報がたくさん集まったといいます。

しかし、現代社会ではテレビやインターネットなどからあふれ出てくる音声や文字によって、私たちは「脳メタボ」となっています。不必要な情報、不確かな情報、それらに翻弄されることなく、正しい情報をキャッチしなければなりません。そのためには自らの感性を高めなければならないのです。

古来より、「多聞《たぶん》」には、多くを聞くことによって多くを知る、博学という意味があります。自分自身の中に核となる学識を持ち、それによって、情報を上手にコントロールし、活用することが肝要なのでしょう。

一を聞いて十を知る

回《かい》や、一《いち》を聞《き》いて以《もっ》て十《じゅう》を知《し》る。
賜《し》や、一《いち》を聞《き》いて以《もっ》て二《に》を知《し》る

（公冶長《こうやちょう》篇）

孔子の弟子の子貢《しこう》が、兄弟弟子の顔回《がんかい》をほめて言いました。「顔回は一を聞くと十を理解するが、自分は一を聞いても二を理解する程度です」

この論語から、物事の一端を聞いただけで全体がわかる、非常に賢いことのたとえとして使われるようになりました。

孔子の門下生は三千人と言われていますが、その中でもとくに優れ、『論語』にもよく登場する弟子たちを、孔門十哲と呼んでいます。

顔回は、十哲の中でも仁徳に優れた随一の秀才で、孔子から後継者として嘱望されていました。しかし、四十歳の若さで早世。そのとき孔子は「ああ、天我《われ》を滅ぼせり」と嘆き悲しんだといいます。

子貢は、孔子より三十一歳年少、顔回の一つ年上で、弁舌に優れ商才に長けており、その有能さは天下に知れ渡っていました。その子貢が、孔子に、顔回とおまえとどちらが優れているかと問われたときに、表題のように答えたのです。

さて、ことわざとして定着しているこの文言は、頭の回転の良さ、才人を讃える言葉として使われています。ですが、論語の本来の意味は、前項の「多く聞く」

と同様に、人の話を真剣に聞き深く理解すること、いわゆる真心を持って人の話を聞くこと、と私は解釈しています。

一言であっても、賢者の発する一言は多くの意味を内包し、彼らの見識や体験がぎゅっと詰まった言葉です。その一つの言葉を大切にして、よく考え、自らの糧にできたらどんなにいいでしょう。その境地が「一を聞いて十を知る」ことだと思うのです。

しかし、そのためには、まず一を聞いて一以上のことが理解できなければなりません。自身の知識や見識が必要とされるのです。ゆえに、普段からいろいろな物や事柄に興味を持ち、自分のまわりに起こっている事象を、常に学ぶ必要があるのです。不得意なことや嫌いなものであっても、一応の基礎知識は持つように努めることが肝心ともいえるでしょう。

私たちは、よく聞き、よく見て、よく読んで、自らの基礎力を高めなければなりません。その基礎が大きければ大きいほど、一を聞いたときに、多くのことをより深く理解できるようになるのです。

切《せっ》磋《さ》琢《たく》磨《ま》

切《せっ》するが如《ごと》く、磋《さ》するが如《ごと》く、
琢《たく》するが如《ごと》く、磨《ま》するが如《ごと》し
（学而篇《がくじへん》）

人々に広く知れ渡っている四字熟語「切磋琢磨」の元になった語句です。人は、学識や人徳を磨くのはもちろん、磨いた上にもなお磨くことが大事であるということです。近年では、友人同士が互いに励まし合い競争しあって、共に向上するという意味にも使われます。

「切磋琢磨」を漢字の意味から説明してみましょう。骨や象牙に細工をするとき、まず刀できり（切）、さらにそれをやすりでみがく（磋）、玉や石に細工をするとき、まずのみで打ちけずり（琢）、さらにそれを砂や砥石でとぎみがく（磨）。

この言葉は、仕事に対する心構えであるともいえます。仕事を目の前にしたら、切るがごとく、磋するがごとく、琢するがごとく、磨するがごとく事に当たれ、ということです。努力の上にも努力を重ね、念には念を入れて仕事に取り掛かる、これこそが仕事を成就させるコツなのではないでしょうか。

しかし、そこには必ず、仕事をやり遂げるという強い意志、「志」が存在していなければなりません。

「Where there is a will, there is a way」（意志のあるところ必ず道あり）

私は「精神一到、何事か成らざらん」と訳していますが、やはり、「志」の大切さを述べています。

志を立て、自分の人生や事業の海図を描き、切磋琢磨して事の成就を図る。かつて、志を抱いて上京してきた人たちは「志ならずんば死すとも帰らじ」の覚悟で故郷を後にしたといいます。その不退転の決意があってこそ、「切磋琢磨」が可能となるのです。

この教訓は、志を立て、着手し、実行し、最後まで油断なくやりきることの大切さを述べています。逆に、道半ばの心の緩みからなかなか事が成就しないことを、孔子はこう言っています。

「苗の中には、途中で枯れて花の咲かないものもある。花が咲いても、実をつけないで終わるものもある」

せっかく植えた苗も、花が枯れたり実がならないことがある。志を立てても、切磋琢磨がないと中途半端で終わってしまう、というのです。志を立てることを「立志」と言いますが、「立志」と「切磋琢磨」は両輪の関係といえるでしょう。

遠慮

人《ひと》にして遠《とお》き慮《おもんぱか》りなければ、
必《かなら》ず近《ちか》き憂《うれ》い有《あ》り

（衛霊公《えいれいこう》篇）

「遠慮なければ近憂《きんゆう》あり」「遠慮あれば近憂なし」の語源となった論語です。ここでいう「遠慮」とは、遠い先のことを考えるということ。目先のことばかりにとらわれて将来のことを考えずにいると、近い将来必ず心配事が起きる、という意味です。今様《いまよう》の遠慮の意味とは異なりますが、おそらく遠い先を考えて慎み控えたということから変化したのでしょう。

物事を考えるとき、思考の三原則があるといいます。私たちは日々、小さなことから大きなことまで、右にするか左にするかの判断を迫られています。とくに、会社や組織の運営をする人たちにとっては、毎日が時々刻々の判断の連続といっていいでしょう。その判断をするときの大原則が、三つあるというのです。

「物事を長期的に見る。物事を多面的に見る。物事を本質的に見る」

長期的とは、「遠慮」です。おぼろげでもいいから、将来のことまで視野に入れて考えるということ。多面的とは、いろいろな立場やあらゆる方面から検討し、複眼的に考えるということ。本質的とは、表面を取り繕ったり上辺だけの価値観にとらわれずに、自分の原点まで掘り下げて深く考えるということ。

この三原則を踏まえて思考すれば、大概の判断に誤りはないというわけです。

しかし、三原則の中でも、長期的に考えることはなかなか難しいといえます。なぜならば、よくわからない将来を考慮するのですから。なのに、なぜ孔子はあえて遠くを慮れと言ったのでしょうか。

それは、「遠慮」するための方法があるからです。人の考え方や幸福感は、百年経ったからといって大きく変わることはありません。歴史は繰り返すといわれるように、現在の事例は、必ず過去にも現れています。ですから、先のことを見通すためには、その時代、時代に対処した人たちの知恵を学べばいいのです。

そのことを、先人の知恵に学ぶといいます。本を読むことによって学ぶ。話を聞くことによって学ぶ。学び方はいろいろあります。まず学ぶという姿勢を持つこと。そして「素直」に「謙虚」に「多聞」を心がけて学ぶことが問われるのです。

「種をまき、水をやり、花を咲かせ、実をとる」。この好循環を永らえるため、常に長期的に物事を考え、判断することを心したいものです。

敬遠

民《たみ》の義《ぎ》を務め、鬼神《きしん》を敬《けい》して
これを遠《とお》ざく。知《ち》と謂《い》うべし
（雍也《ようや》篇）

弟子が孔子に「知」とは何かと質問をしました。孔子は「人としてすべきことを行い、神や仏の世界には敬意を払いながらも遠ざけておく、それが知恵ということだ」と答えています。

「敬いながらも遠ざける」この語句が、「敬遠」の語源となりました。『広辞苑』によると、「表面は敬うような態度をして、実際は疎《うと》んじて親しくしないこと。また、意識して人や物事を避けること」とあり、野球の用語としてもよく使われています。

「敬して遠ざく」と同じようなことを、宮本武蔵は、「神仏は尊し。されど神仏を頼らず」と言っています。武蔵は、二十九歳までに六十数回に及ぶ決闘を行い、そのすべてに勝利したと伝えられています。戦いに向かうとき、神社に詣でて神に祈りながらも勝利は自分の力で、との決意があったのでしょう。

孔子の哲学は、現実主義であり、実践主義です。自分自身が、現実に実践できることに重きを置いています。今自らが行えることに全力を尽くす、それが孔子の教えなのです。

現代では、敬遠される人は概して、清く正しく立派な人が多いようです。なぜ敬遠されるのか？　それは、道理にかなっていても過ぎれば嫌味になるからではないでしょうか。世の中は多面的です。その多面性の矛盾をよく理解して行動しなければ、よりよい人生を永らえることはできないでしょう。

少々話は転じますが、私はこの語句の中の「敬う」という言葉に注目してみました。「敬う」とは相手に対して思うことであり、では、自分に対して思う言葉は何かと考えたとき、それは「恥を知る」ことではないかと気づきました。

人を見てその美点を敬い、自分の足らざるを知って恥とする。この「敬」と「恥」の両方を持つことは、万物の霊長とされる人間と動物の、絶対的に異なる点であり、自分を成長させてくれる、大きな要素ではないでしょうか。

これまで日本の美点は「恥の文化」と言われてきました。奥ゆかしさ、謙虚さ、勤勉さに象徴されるように、日本人の美徳の源、エネルギーになっています。

今、「敬う」「恥を知る」という規範が薄れてきていますが、人の道としても、国家や社会、事業経営に至るまで大切なことであると、認識したいものです。

志学

吾《われ》十有五《じゅうゆうご》にして学《がく》に志《こころざ》す

（為政篇《いせいへん》）

「私は十五歳のとき、学問で身を立てようと志した」

孔子は、自身の人生七十年（当時としては長寿）を振り返って、その年齢に応じた自らの生き方の所信を述べています。

この論語が、十五歳を表す志学《しがく》という熟語となり、続いて孔子の転機となった年齢が、それぞれ而立《じりつ》（三十歳）・不惑《ふわく》（四十歳）・知命《ちめい》（五十歳）・耳順《じじゅん》（六十歳）・従心《じゅうしん》（七十歳）の言葉の元になったのです。論語を愛する先人たちは、これらの言葉を道標《みちしるべ》として生きていったのでしょう。

孔子は、十代半ばにして学問に専心しようと決心します。孔子は、けっして身分の高い出自ではなく、また裕福でもなく、ほとんど独学に近いかたちで学ばなければなりませんでした。しかし、学ぼうとする学問を愛し、またその学問が世のためになると信じていました。世の中の乱れを正し、人民が安寧に暮らせるようにと、必死で学んだのです。

孔子は学ぶことで、自分はいかに生きるべきか、どのような人間になるべきか、何を成して行けばよいのかを、悟っていきます。「志学」から「立志」へと進んでいったのです。

私は常日頃、「人生の海図を描く」ことの大切さを訴えています。海図がなければ船が航海できないように、人生にも海図が必要だと考えているのです。確たるものでなくてもいい、おぼろげでもいいから、何をしたいのか、何になりたいのかぐらいの目標は立てたほうがいい。とくに青少年への講義には、必ずこの話をするようにしています。

思えば成る、と言いますが、人生のスタートで何より大切なことは、志を立てることです。その目標を胸に日々を生き、実行し、継続する。それは、六十歳になってからでも遅くはありません。思い立ったが吉日、いくつになっても、志さえあればスタート地点に立てるのです。

志＝やる気です。現代の脳科学では、その人の人生の実績は、「能力×やる気」であると実証されています。能力は有限ですが、やる気は無限です。やる気が、その人の人生を左右するのです。やる気こそが、志を持つことこそが、事の成否を分ける分水嶺《ぶんすいれい》であると思うのです。

而《じ》立《りつ》

三十《さんじゅう》にして立《た》つ（為政篇《いせい》）

「私は三十歳で学問を修得し、独自の立場ができた」と孔子は言っています。

現在でも、三十歳頃は経済的に独立し、家庭を持ち、仕事（生業）に専心する年齢です。孔子も、青少年時代に人生の基礎づくりに励み、三十歳くらいで学問を修め、役人となって社会的にも経済的にも自立したのです。

「若くして学べば、壮《そう》にして為《な》すあり」

若い時の苦労は買ってでもせよといわれるように、三十歳を過ぎると、その成果が如実に表れてきます。その壮年時代のスタートが、この「而立」のときにあるのです。壮年時代とは、仕事を安定させて経済的に自立し、家庭生活を営み、社会的な立場を得る時期です。人生において、最も輝いている時代と言ってもいいでしょう。

「壮にして学べば、老いて衰えず」

充実した壮年時代を生きれば、実りある老年期が待っています。老いてもなお、心身ともに豊かな生活ができるというわけです。

そういう安寧の未来のために、「而立」をスタート台として、社会人として世にはばたいていくのです。その生き様が「修身斉家《しゅうしんさいか》」、自分自身が修《おさ》まって一家が斉《ととの》うことになるのでしょう。

壮年時代に、仕事の大切さや社会的な立場を持つことが肝要なのは言わずもがなですが、意外におろそかにされがちなことが、家庭生活の安定です。とくに、子育てです。

親がなくても子は育つといわれますが、お母さんとお父さんの、それぞれの異なる立場、視点、考え方を複合した子育ては、子どもの教育にとっては、何物にも代えがたいものがあります。

お父さんの、長い目で、複眼的な目で、本質を見抜く目で子育てをするとき、忘れてはならないのが、「教えの時」です。子どもに何かを教える場合、タイミングが大事です。子どもの様子をじっと見ていて、ここぞという時に教えるのです。この「教えの時」は、部下を指導する際にも言えることです。

すべてのことには「時」があります。それはチャンスでもあり、けじめでもあるといえるでしょう。

不《ふ》惑《わく》

四十《しじゅう》にして惑《まど》わず

（為政篇）

「私は四十歳になって、人生に確信を持てるようになった」と孔子は言います。

四十代は、家庭を持ち自らの生業に勤《いそ》しむときです。生きていく上での経済力と社会性があいまって、人生八十年の土台が固まりつつあるときなのです。

そして、これまでの確かな積み重ねが功となり、大きく羽ばたき、自分の生きる方向性が定かになる世代でもあります。

孔子は、この「不惑」になっても世に知られないようでは、恐れるに足る人物ではないと明言しています。確かに、四十代で人生の基礎ができておらず、社会的にもあやふやで右往左往しているようでは、人生レースにおいて幾分出遅れていると思われても仕方ありません。

しかし、この論語の本当の意味するところは別にある、と私は考えています。

それは、四十になるまでにしっかりとした人生を歩みなさい、というメッセージのほかに、順調な人生を歩んできた四十代への、戒めの訓えがあると思うのです。

四十歳ともなると、一通りの経験を積み、いよいよ世間が見えてきます。自信もつき、たいていのことには対応できる余裕が生まれ、他人からの信望も厚くなり、ますます前へ前へと進もうとします。すると、人間の性《さが》として、驕り、マンネリが心の中に渦巻くようになります。

そこで孔子は言うのです。初心に返って立ち止まり、自分の人生を見直しなさいと。「惑わず」とは、これからの人生を思い、まず謙虚に腰を低くして、今一度、己の志を省《かえり》みることです。そして、その志を確信するときなのです。

種をまき、水をやり、丹精込めて育てた花が、徒花《あだばな》（実を結ばない花）となり、実績が残せない……。そういう悲劇を生まないために、マンネリに陥らないような工夫をし、驕りがないか常に心に問いかけなさい、と言うのです。

翻《ひるがえ》って、マンネリや驕りへの警鐘は、私たちの生活の中、会社経営、人間関係にも通じます。いくらか物事がうまくいった、少し世の中が見えてきた、そういうときに、概して大きなミスジャッジが起こります。これは誰でもが持っている、人としての本性です。世の先人たちは、その本性を何とかしなければと、知恵を絞ってきたのです。

知《ち》命《めい》

五十《ごじゅう》にして天命《てんめい》を知《し》る

（為政篇《いせいへん》）

「天命」とは天から与えられた命令、使命のことです。「五十になって天命を知り、自らの進む道にますます邁進した」と孔子は言います。

これまで良しと思って進んできた道が、自分の運命だと思える人生は最高です。しかし、運命と確信してからも、そこで安心したり油断したりせずに、もっともっとと極めるためには、さらなる精進が必要です。この論語には、その覚悟が読み取れます。

運命には「宿命」と「立命」があり、男として生まれる、女として生まれるというような、自らでは変えようのない先天的なものを「宿命」といいます。

それに対して「立命」とは、自分の意志と努力などで変えられる運命のことをいいます。たとえ不運な出来事であっても、運命だからとあきらめるのではなく、知恵と実行力で好転させることができる、それが「立命」です。

孔子は言います。「五十になっていよいよ人生の半ばが過ぎ、来し方を振り返り、またこれからの行く末に思いを致す。これまで過ごしてきた体験を通して、仕事のこと、家庭のこと、社会人としての生き方について考えてみる。それが自ら選んできた立命であったと確信する。そして、六十代、七十代へと向けて、人生の集大成をするとき、五十の今が、そのスタート地点である」と。

人生の折り返し地点である五十歳の時、「これでいいのか」と自らの生き方を問い、確認した上で人生の後半に備えよ、という奥の深い教えです。

話は転じますが、知命を迎え本業を全うした後に、自分が本当にやりたかったことに舵を切り、そこから人生をやり直した人物がいます。千葉県佐原出身で、江戸時代に初めて正確な日本地図を作成した伊能忠敬です。

忠敬は十七歳の時、醸造業や問屋を営んでいた商家に婿養子に入りました。事業縮小していた婚家を盛り返し、家督を息子に譲った後、五十歳の時に江戸に出て、天体観測や測量の勉学をします。日本地図作成のための測量旅に出立するのは、その五年後となる五十五歳の時です。

知命の年に、今までと同じ道のさらなる次を進む人、まったく別の新たな道を歩む人とそれぞれですが、大事なことは二つ、確固たる「基礎」があることと、強固な「志」があることです。

耳《じ》順《じゅん》

六十《ろくじゅう》にして耳順《みみした》がう

(為政篇《いせいへん》)

「耳順」とは、何を聞いたとしても素直に受け入れる、人としての高度な境地を指しています。

若いときは、人の意見を素直に聞くことは存外難しいものです。親の助言や先輩や友人のアドバイス、ましてや年下の意見など、無心になって耳を傾けることはなかなかできません。心の中では必ず、「でも」とか「だって」とか「ちがうなぁ」とか、「何を言ってるんだ」というコメントを入れながら、聞いているのではないでしょうか。

孔子は、六十歳になってやっと、誰が言っても何を聞いても、素直に心に響くようになったというのです。

「聞き上手」という言葉があります。一見、聞くことよりも話すほうが重要で難しいと思ってしまいがちですが、どうでしょうか。話すことは、確かに優れた能力が必要です。しかし、聞くことには、人としての器量が問われるのです。

人の話を聞くためには、まず、相手の様子を見ながら、何を言いたいのだろうかと考え、そして、相手の状況を汲み取りながら、理解しようと心掛けなければなりません。自分自身を主張する前に、まず話し手を受容し、話し手の立場に立たなければ、上手に聞くことができないのです。

徳川家康は、身分の低い家来の、取るに足りない話にも耳を貸したそうです。側近が「なぜあんな話まで聞くのですか」と尋ねたところ、「話を聞いてあげれば臣下は満足する。それに聞く態度を示していないと、もっと大事な情報のときに進言してこなくなる」

また、幕府の数々の決まりごとを早い段階で整備できたのは、七十代の家康が、弱冠二十代の林羅山《はやしらざん》をはじめ学者の意見を聞いたからです。家康の「聞き上手」が徳川幕府の基礎を築いていたのです。

人の本性は自己保全にあります。自己を表現し主張するのは自然なことであり、必要なことです。ですから私たちは、話すほうに力が入るのです。でも、「聞く力」をもっと磨くと、人としての幅ができ、交友関係が円滑になり、情報も多く入ります。こんなにいいことずくめの「聞き上手」、どうぞ実践してみてください。

従《じゅう》心《しん》

七十《しちじゅう》にして心《こころ》の欲《ほっ》するところに
従《したが》って矩《のり》を踰《こ》えず

（為政《いせい》篇）

「従心」とは、自分の心のままに行動しても、道徳に外れることはなくなった、ということです。

孔子は、「志学」「而立」「不惑」「知命」「耳順」と、年を追うごとに、自らの人格形成の節目を述べています。その到達点が七十歳、「従心」というわけです。

孔子の人生は、挫折の連続だったといわれています。早くに親と死別し、貧しく育った孔子は、苦学して役人となります。乱世の中、紆余曲折を経ながらも五十になってやっと、生まれ故郷の魯《ろ》の国の要職に就きます。が、五十六歳のとき、魯の政治に失望して官職を辞し、国を出て諸国を歴遊します。

孔子は、自らの思想に基づいた政治論を説きますが、どの国にも受け入れてもらえず、失意のまま十三年にわたる旅を終え、魯に返ってきます。孔子はそれから四年間、七十三歳で世を去るまで、弟子の教育と執筆に専念します。

「従心」は、孔子の晩年の心境です。野心を捨て、いろいろな困難を乗り越えて素の心になったとき、ふと気づくと、心と体が自然に道徳の道に従っていた、ということです。いわば、長い人生の道を全うした、達人ということでしょう。

剣豪宮本武蔵が、隠居して静かに暮らしていたときです。ある夏の夕暮れ、武蔵は縁台に座り、ゆったりと夕涼みをしていました。すると剣客が現れ、武蔵に切りかかってきたのです。武蔵は間髪を入れず、縁台に敷いてあったゴザを引き寄せました。剣客はもんどり打って倒れ、そのまま逃げていきました。

とっさの武蔵の行動は、剣の達人ならではの「無意識の業《わざ》」でしょう。頭で考えず、心で思わず、勝手に体が動いたのです。日頃の鍛錬が身についていて、条件反射のように、手足が適切に反応したのです。

これは、修練を繰り返すものならば、すべてのことに当てはまります。スポーツや道を究めるもの、学問の世界にもいえることです。

基礎を繰り返し繰り返し行っていると、無駄がそがれ、無理やムラがなくなり美しい形となります。さらに極めていくと、勘が働き、予測ができるようになり、新たな発見や発明につながります。

そういう達人の境地が、論語では「従心」なのです。人生のよりよい積み重ねによって、私たちは「従心」へと導かれるのでしょう。

徳治《とくち》主義

政《まつりごと》を為《な》すに徳《とく》を以《もっ》てす

（為政篇《いせいへん》）

孔子の哲学の一つに、徳治主義があります。国を治めるための根幹は「徳」にある、という思想で、王が徳を示せば民衆はおのずと王に従う、という考え方です。

イソップ童話の「北風と太陽」と似たような教訓で、北風（力による政治）よりも太陽（徳による政治）のほうが、無理をせずに人心をつかむことができる、というわけです。

江戸幕府の礎を築いた家康は、稀代の読書家で、人生の主な場面での対処は本から学んだといわれています。戦の仕方を『孫子《そんし》』で学び、国の治め方を「四書五経」に学び、幕府の基礎づくりは『貞観政要《じょうがんのせいよう》』という中国の書物から学んでいます。

家康は、なかでも「四書五経」を自らの哲学とし、国を治めるには「徳」が大事であると考えていました。二代将軍秀忠への帝王学として、こう教えています。

仇《あだ》を報《ほう》ずるに恩を以《もっ》てす

「ひどい仕打ちを受けても恨むことなく、むしろ有難いと恩に感じよ。わしは、この一句を若いときから聞き覚え、常に心に忘れず、大事にも小事にもそれが大いに役に立った。したがって、これはとっておきの秘密の言葉ではあるが、今日皆に伝えるぞ」

そういう家康ですが、では、秀吉の子豊臣秀頼に対してはどうだったでしょうか。方広寺の梵鐘の銘文「国家安康」という文字に難癖をつけて、豊臣家をとことん滅ぼしたではないですか。

しかし、これも「四書五経」に教えがあるのです。「宋襄《そうじょう》の仁《じん》」といいますが、宋の国の襄公が敵に無用な情けをかけたために戦に大敗した、という故事があり、時と場合によっては情けが身を滅ぼすことを示唆しています。

家康は論語に学び、「仁」を自分の政治信条、人間関係の基本としながらも、仁に過ぎれば弱くなり、ひいては国が乱れることを知っていたのです。

人は矛盾の中に生きています。知に働けば角が立ち、情に棹させば流され、意地を通せば窮屈です。私も、時に論語、時に老子、時に孫子と考えています。

言は訥《とつ》、行いは敏《びん》

君子《くんし》は言《げん》に訥《とつ》にして、
行《おこな》いに敏《びん》ならんと欲《ほっ》す
（里仁《りじん》篇）

「徳のある人は口を重くして、実践には敏捷でありたいと望む」

孔子は、雄弁に語る人よりも、自分の意思を機敏に行動に移す人のほうが、人間としてより信頼がおける、と言っています。

言葉はなくてはならないものです。しかし、時に、言葉は自分を良く見せる道具となります。言葉が多いと、どうしても自分を語りすぎ、そして飾りすぎてしまうのです。多弁は自慢となり、欲求となり、言い訳や愚痴となることが多いのです。

かつて、テレビで「男は黙って……」というCMが流れていたのを覚えているでしょうか。また、歴代総理大臣の中でも、能弁な首相よりも「あ〜う〜」を多用して慎重に言葉を選んだ大平正芳氏や、簡潔なフレーズで語る小泉純一郎氏の印象が強く残っているのは、なぜでしょうか。

もともと日本人は、沈黙、寡黙を美徳としてきました。そして、不言実行を最上の徳としてきたのです。

しかし、世の中がグローバル化してきた今、西洋の価値観やビジネスの慣習が組み込まれ、プレゼンや自己表現に優れた有言実行タイプの人間像が登場してきました。確かに、言葉によって行動を示す、ということは大事なことです。ただ、それも、実行がともなって初めて言葉が生きてくるのです。信頼される言葉を支えているのは、行動なのです。

行いはその人の実証です。言葉に実体はありませんが、行いには確かな実体があります。ですから「信用」は、何を言ったかではなく、何をやったかである、と言えるのです。

そして、孔子が言うには、行動はなるべく早く起こすのがよいというのです。速さは誠意です。そして、勤勉さ、相手への思いやりに通じます。

世の中には古今東西、実に多くの名言があります。相応に含蓄のある人生の真髄をついた言葉ですが、それらも、実績を残している人たちが言ったから名言となるのです。実績がない人が何を言っても、私たちの心には響きません。

この孔子の文言も、言葉よりもまず実行という、孔子の実践主義を表した訓えです。

人物、四つの心得

君子《くんし》は重《おも》からざれば則《すなわ》ち威《い》あらず。学《まな》べば則《すなわ》ち固《こ》ならず。
忠信《ちゅうしん》を主《しゅ》とし、己《おのれ》に如《し》かざる者《もの》を友《とも》とすることなかれ。
過《あやま》てば則《すなわ》ち改《あらた》むるに憚《はばか》ることなかれ

（学而篇《がくじ》）

孔子が、人物になるための四つの要諦を述べています。

一つめは、「人物は重くなければ威厳がない」と言っています。孔子は人物論の中でも、まず重厚さを最上としています。

人の重みとは、簡単に言うと、人として軽率であってはならない、ということです。軽はずみや知ったかぶりの言動は、信用を失う本《もと》となります。信用の重みが人物の重みともいえるのです。

二つめは、「学ぶ姿勢があれば、頑《かたくな》にならず、幅の広い人間になることができる」ということです。

本を読む、人の話を聞く、そして、さまざまな現象から常に学ぶ姿勢を持っていれば、学識が深まり、視野が広がります。そうすれば、物事を考えるとき、判断するときに、それらを多面的にとらえることができ、柔軟性のある的確な結論が引き出せるでしょう。

三つめは、「忠信（真心とうそをつかない徳）を心がけ、友人も、自分と同じ人物観のある人と交友するのがいい」ということです。

友だちは大切な人的環境の一つです。吉田松陰は「師恩友益《しおんゆうえき》」と説き、よい師から受ける恩やよい友から得る影響は大きい、と言っています。「朱に交われば赤くなる」のことわざどおり、友を選ぶことは大事です。『論語』では、好ましい友人を、「正直な人、誠実な人、見聞豊かな人」と指摘しています。

四つめは、「過ちがあればすぐに間違いを改めよ」ということです。過ちは誰にでもあることです。それを反省し改めることに、遠慮や逡巡は要りません。間違いを修正することこそが、次への伸展の糧となるのです。

『論語』には、国のリーダーへのメッセージが多く載っています。孔子は、乱世に苦しんでいる民衆が、いかに安寧に暮らせるかを考えていました。ですから、国を率いるリーダーに、あるべき君子像、人物像を求めたのです。

しかし、現代に生きる私たちにとっても、本項の「四つの心得」は、けっして的外れな文言ではありません。その教えを心がけていると、日々に密着した小さな事柄に、結構応用できるのです。「あっ、このことだ」と気づけばしめたもの、早速行動に移してみてはいかがでしょうか。

下問《かもん》を恥じず

敏《びん》にして学《がく》を好《この》み、下問《かもん》を恥《は》じず
（公冶長《こうやちょう》篇）

意味は、目下の人に質問したり、彼らの意見を聞くことを恥としない、ということです。

あるとき、孔子の高弟が腑に落ちないことがあるといって、師に尋ねました。

「先日亡くなった方は道徳的に少々問題があったのに、孔文子《こうぶんし》という贈り名（生前の徳や行いに基づいて死者に贈る称号）をもらいました。なぜ格式の高い『文』という文字がついたのですか」

孔子はその理由として、亡くなった人の長所だけを述べました。

「孔文子は、生来頭がよい上に学問を好んだ。そして目下の者に問うことを恥じなかった。だから、彼は『文』と贈り名されたのだよ」

現代と違って孔子の時代は、身分差の大きい時代で、目上の人が目下の言葉に耳を貸すことは余りありませんでした。ですから、いろいろな人や世事から学ぶ姿勢は、当時としては稀有《けう》なことだったのです。

孔子は、論語の中でもとくに「学ぶ」大切さを教えています。学ぶ姿勢には、謙虚さと同時に、学んだことを受け入れる心の広さが必要です。孔文子には、その美点があったと評価しているのです。

さて、『三国志』でよく知られる劉備玄徳《りゅうびげんとく》は、幼少の頃に父親が亡くなったため貧しく育ちますが、親類の援助を得て学問を学び、多くの知己を得ます。そしてその頃から、玄徳のまわりには自然と人が集まってくるようになり、若者たちも先を争って交わったというのです。

『三国志』では、玄徳の人となりをこう表記しています。「語言《ごげん》少なく、よく人に下《くだ》る。喜怒《きど》を色に形《あらわ》さず――口数は少ないが、よく人の話は聞く。そして感情を表に出すことがなかった」

劉備玄徳が、魏《ぎ》の曹操《そうそう》、呉《ご》の孫堅《そんけん》と並んで蜀《しょく》を建国できたのは、玄徳が人一倍戦上手だったり、政治力が勝っていたからではありません。諸葛孔明《しょかつこうめい》、関羽《かんう》、張《ちょう》飛《ひ》といった、優れた人材に恵まれていたからです。そして彼らは生涯、玄徳のもとに集結し、亡くなった後も玄徳の子孫を見限ることはありませんでした。

玄徳のリーダーとしての資質、すごさのゆえんは、「語言少なく、よく人に下る。喜怒を色に形さず」という人物像に尽きるのでしょう。

倦《う》むことなかれ

これに先《さき》んじ、これを労《ろう》す。
倦《う》むことなかれ
（子路《しろ》篇）

孔子の高弟の中でも最も元気がよく、政治的手腕に長《た》けていた子路《しろ》が、政治について質問しました。

孔子は答えます。「民の先頭に立って行い、その労をねぎらってやることだ」

そんなことは当たり前と思った子路は、「もっとありませんか？」と重ねて聞きました。そのとき孔子は「倦むことなかれ」と答えたのです。「飽きることなく、続けることが大切だ」

子路には優れた能力と勇気があり、やる気に満ちあふれていました。それらは、物事を成し遂げるにはとても大事な要素です。しかし、子路は飽きっぽい性格だったようで、孔子はその欠点を補うために、あえて継続の大切さを教えたのです。

ところで、子路は「当たり前のこと」と一蹴しましたが、私は、孔子が最初に言った「先頭に立って行う」「労をねぎらう」ということを考えてみました。そのとき頭に浮かんだのが、山本五十六元帥の言葉です。

やってみせ、言って聞かせて、させてみせ、

ほめてやらねば、人は動かじ

まず、自分でやってみせる。それは相手に背中を見せて伝えることです。まさに「先頭に立って行う」ということでしょう。次に、ほめて人を動かす。これも「労をねぎらう」ということに通じます。

そこで、「倦むことなかれ」。これは、ただ単に持続することだけではありません。持続していても、マンネリになったり、形骸化して本質を忘れてしまっては、何の意味もないからです。「初心を忘れずに、継続する」ことが肝要なのです。

古今東西、リーダーとしての要諦は、当たり前のことに尽きます。

真理は足元にある、とよく言われますが、その真理を根気よく実践できるか否かが、大きな分かれ目となるのです。

私たちが心しなければいけないことは、学んで知識を得ること。得た知識を実践すること。実践したことを「日々新《ひびあらた》」の気持ちで継続すること。この三点に尽きると思います。

賢賢として色に易《か》える

賢賢《けんけん》として色《いろ》に易《か》え、父母《ふぼ》に事《つか》えて能《よ》く其《そ》の力《ちから》を竭《つ》くし、
君《きみ》に事《つか》えて能《よ》く其《そ》の身《み》を致《いた》し、
朋友《ほうゆう》と交《まじ》わるに言《い》いて信有《しんあ》らば…（学而篇《がくじ》）

孔子の高弟の子夏《しか》が言った言葉です。「賢」とは賢者のこと、「色」とは美人のことです。儒教が教える「賢者」について述べています。

「美しい人を愛するように賢い人を尊敬し、力の限り両親に尽くし、君主に献身的に仕え、友人に対して誠実であったならば、たとえ無学の人であっても、私は立派な賢人と呼ぶでしょう」

『論語』の全篇を貫く本質は、「人はいかに生きるべきか」ということです。つまり、よりよい人間関係を築くためにどうすればいいか、仕事への取り組みはどうすればいいか、ということが根っこになっているのです。そして、人間の性《さが》である欲や驕りを、学問の力で是正することを教えています。ですから、賢者＝学問をした人、となるのです。

当時、無学の人とは、名もなく地位もなく貧しい人たちでした。そういう人を賢者と確信するのは、相当の人物眼を持った人といえます。「賢者は賢者を知る」といいますが、子夏だからこその見識でしょう。

かつて、賢者がそばにいるにもかかわらず、賢者を見極められなかった歴史がありました。坪内逍遥《つぼうちしょうよう》が、そのことを「桐一葉《きりひとは》」という戯曲にしています。「桐一葉 落ちて天下の 秋を知る」。桐の葉が散るのを見て秋の訪れを感じたという俳句に、豊臣家の滅亡を重ね合わせたのです。

方広寺の鐘銘を巡り窮地に立たされた豊臣家は、片桐且元《かたぎりかつもと》を徳川側との交渉人役に立てて家の存続を画策します。その豊臣家を何としても潰したい家康が次から次に難題を持ちかけ且元を苦しめる一方、思うようにことが進まない豊臣家の不満は、とうとう味方であるはずの交渉人に向けられてしまいます。あろうことか、且元を裏切者扱いするのです。そこで且元は、もはやこれまでと、豊臣家を去ってしまいます。

後世の歴史家は言いました。豊臣家の滅亡は、忠臣の片桐且元が去ったことによって確定的になったと。「桐（片桐）一葉　落ちて天下の秋（豊臣家滅亡）を知る」

賢者が去ったとき組織は崩れるといいます。リーダーが賢者を見分けられなかった悲劇の物語です。

数々《しばしば》する

君《きみ》に事《こと》うるに数々《しばしば》すれば、ここに辱《はずか》しめられ、
朋友《ほうゆう》に数々《しばしば》すれば、ここに疏《うと》んぜらる

（里仁《りじん》篇）

これは、主君や友人との人間づき合いの基本を言った語句です。「数々」とは何度もとか、うるさくするという意味ですが、相手をいさめる場合などによく使われます。

「君主に仕えるのにあまりうるさくすると、君主から嫌がられて邪険にされる。友人と接するのにあまりうるさくすると、避けられる」

現代で「数々する」シーンとは、教える、忠告する、アドバイスする、ということでしょうか。どういう状況であれ何度もとなると、さすがに嫌われるのは当たり前と思います。たった一度のアドバイスでも、相手が気を悪くしないだろうかと、結構気を使うものです。

人に教えるとき、「教えの三原則」があるといいます。言葉で教える。これを「教えのはじめ」と言います。次に、行いによって教える。これを「教えの本《もと》」と言います。

心しなければいけないのは、権《けん》をもって教えるときです。言い換えれば、優位な立場から教える、たとえば上司や父母などのパワハラです。「権をもって教えるは、教えの変《へん》にして節《せつ》なり」と言います。

教える側はよかれと思っていても、権力関係や上下関係がある場合、その力によって、教えるのではなく従わせているのかもしれません。それは教えの本道ではない、教えの変節というわけです。

また、「教えの時なり」といって、教えるタイミングも大事です。燃え盛っている火を消すのは大変ですが、下火になった火や、燃え始めの火は簡単に消せます。それと同じように、相手が聞く耳を持っていないのに何を言っても、聞き入れさせることは難しいでしょう。

教えるためには、教える側の我慢と根気と、いつもタイミングを見計らう、待ちの姿勢が求められます。それは、そこまで相手を気づかう気持ちが誠意となり、ツボをついた、心に響く適切な言葉となります。

人の脳は、ネガティブな言葉にすぐ反応し、それを受け入れてしまうそうです。ですから助言は、否定的ではなく肯定的に、悲観的ではなく楽観的にしてあげるのがいいでしょう。

躁《そう》・隠《いん》・瞽《こ》

言《げん》未《いま》だこれに及《およ》ばずして言《い》う、これを躁《そう》という。
言《げん》これに及《およ》びて言《い》わざる、これを隠《いん》という。
未《いま》だ顔色《かおいろ》を見《み》ずして言《い》う、これを瞽《こ》という（季氏《きし》篇）

「まだ言うべき時ではないのに発言してしまう、これを躁という。言うべきなのに言わない、これを隠という。相手の顔つきも見ないで話す、これを瞽という」

ここまで、聞くことの大切さを何度となく述べ、口数少なく重厚なことが徳のある人物と言ってきました。

しかし、ただ黙っていればいいかというとけっしてそうではなく、話すことも重要であることは言わずもがなです。私たちは上手なコミュニケーションを図るために、話し方のマナーをいつも模索しています。

そこで本項では、会話の原則について述べた論語を用意しました。一言でいえば「躁《そう》・隠《いん》・瞽《こ》」です。

「躁」とは、口を開いてはいけない時にペラペラしゃべる、人の話の腰を折る、まだ言うタイミングではないのにしゃべる、ということ。「躁」というのは騒がしいという意味です。

「隠」とは、言うべき時に言うべきことを言わない、見て見ぬふりをする、ということ。黙っていればいいというものではなく、時には未必《みひつ》の故意《こい》にもつながる、無責任な行為です。

「瞽」とは、「目の不自由な」という意味ですが、話をする時に相手の顔を見ない、相手の様子を観察もしないで、相手の興味のないことをベラベラしゃべる、ということ。

これらはすべて、してはいけないことで、話すタイミングを考えて言う。言うべき時、言うべきことは言う。相手の様子を見ながら話す。これが大事なのです。

この原則は、仕事の会話にはもちろん、社内のコミュニケーションにも、友人たちとの会話にも参考になります。

要は、人の話をよく聞きながら、相手の話の腰を折らないように、その場の雰囲気や反応を見ながら、自分も会話に参加する、または意見をきちんと述べる、ということです。

概して、よく聞くことができるようになると、落ち着いて話すことができるようになります。目配りがきいた話し方は、会話がスムーズに進み、まわりの人たちと心地よい空間を共有できるでしょう。

薄氷を履《ふ》むがごとし

戦戦《せんせん》兢兢《きょうきょう》として深淵《しんえん》に臨《のぞ》むが如《ごと》く、
薄氷《はくひょう》を履《ふ》むが如《ごと》し

（泰伯《たいはく》篇）

「おそるおそる慎重に、底の見えない深い淵に臨むように、今にも割れそうな薄氷の上を踏むように」という心境、状態を表した語句です。

幕末から明治へと大きく動いた時代の立役者、勝海舟は、「事、未だ成らず、小心翼々《しょうしんよくよく》。事、将《まさ》にならんとす、大胆不敵。事、既《すで》になる、油断大敵」と言い、戦戦兢兢の心境を、小心翼々と言い換えています。

世の先人たちは、幼少より暗唱してきた論語の数々を、自分なりに使いまわしていますが、かくいう海舟も、事に当たっての心構えに引用しているのです。

計画段階では、細心な調査、綿密なシミュレーション、準備をし、小心と思えるほどに取り組む。実行に当たっては、成功をイメージし、大胆に思いきりよく果敢に攻める。成就したあとは、緊張感を保ち、油断せず粛々としている。

「戦戦兢兢、深淵に臨む、薄氷を履む」という言葉から想像すれば、海舟のように、勇ましく行動を移す前の用意周到な心構えと、とらえることでしょう。

ところが論語では、まったく異なる状況での言葉なのです。この言葉が収められている論語の全文を紹介しましょう。

孔子の弟子の曾子《そうし》が死期を悟り、弟子たちを集めて自分の思いを述べました。「夜具をのけて私の足を見よ、手を見よ。どこにも傷はないだろう。『詩経《しきょう》』（儒教の経典の一つ）の教えに従って、親が生んでくれたこの身体を、むやみに傷つけることのないように、慎重に、深淵に臨むかのように、薄氷を踏むかのように、これまで注意して生きてきた。今からは、そうした心配から解放される」

現代では忘れられつつありますが、儒教では親孝行は教えの根本でした。「身体髪膚《しんたいはっぷ》これを父母に受く。あえて毀傷《きしょう》せざるは、孝《こう》の始めなり。身を立て道を行い、名を後世にあげ、以て父母を顕《あら》わすは、孝の終わりなり」

毛髪や皮膚に至るまで、身体はすべて父母からもらったものである。これを大切に扱い、こわしたり傷つけたりしてはならない。それが孝行の始めである。世に出て正しい道を実践し、後世に名を残すことは、父母の名も世に示すことになり、それが孝行の完成である。

この語句の一部は、「仰げば尊し」の歌詞♬身を立て 名を上げ やよ励めよ の原典になっています。

一を以て貫く

吾《わ》が道《みち》は一《いち》を以《もっ》てこれを貫《つらぬ》く

（里仁《りじん》篇）

「一貫する」の語源で、意味は、変わらずに道を進むということです。この語句に関して、孔子は二人の弟子それぞれに述べています。

里仁篇では、孝行者と知られる曾子《そうし》に言っています。

孔子が、「私の今までの生き方は、終始一貫して変わるものではなかった」と言うと、曾子はただ「はい」とだけ応えました。孔子はその返事を聞くとすぐにその場を立ち去りますが、他の門人たちにはさっぱり訳がわかりません。そこで曾子に解説を求めたところ、「先生の一貫した生き方は、〝ただ忠恕《ちゅうじょ》のみ〟ということです」と答えました。

「忠」とは、自分の心に正直であること、「恕」とは、他人への思いやりを持つことであり、「仁」と同じ意味です。

また、衛霊公《えいれいこう》篇では、孔子門弟で知恵第一と自他ともに認める、子貢《しこう》に話しています。

孔子が子貢に尋ねました。「お前は、私が多くの学問を修め、たくさんの知識を持っている人物だと思うか?」。子貢は「はいそう思っています。違うのですか？」」。孔子は、「私は博識などではない。私はただ一つの道を貫いてきただけだ」孔子は、ともすると才が先走ってしまう子貢に、知識や学識よりも、一貫した仁の心が大切であることを伝えたかったのでしょう。自分自身、そうやって生きてきたと、孔子は述べたのです。

私たちは、人生万般において、常に判断を迫られています。右にするか左にするか、今なのか待つべきなのか。家庭生活、人間関係、事業遂行の上でも、緊急時もあれば、時間をかけて行う決断もあります。言ってみれば、その時々の判断の良し悪しが、私たちの人生を決定づけているのです。

その判断、行動基準を、何においているのかと、孔子は聞きます。知識や学識に頼っているのか。それとも己の一貫した信念、哲学を基にしているのか、ということでしょう。

孔子は、常に学び実践することで、知識、見識を身につけ、それらの修養を通して「仁の心」を養ってきました。「仁の心」で物事を見、聞き、判断してきたのです。本項の論語は、その孔子の熱い心を述べています。

申申如《しんしんじょ》たり

子《し》の燕居《えんきょ》するや、
申申如《しんしんじょ》たり夭夭如《ようようじょ》たり
（述而《じゅつじ》篇）

「申」とは伸びる意味で使われ、「夭」とは若いという意味です。孔子が家でくつろいでいる様子は、のびのびとして自由であり、明るく朗らかである、と表現しています。

「温《おだやか》にして厲《はげ》し、威《い》にして猛《たけ》からず。恭《きょう》にして安《やす》し」（述而篇）

――孔子は穏やかでありながらも情熱的で、威厳がありながらも猛々しくなく、慎み深く安心して接することができる。

そして孔子のような君子は、三つの姿を持っていると言います。

「これを望めば儼然《げんぜん》たり、これにつけば温《おん》なり、その言《げん》を聴けば厲《はげ》し」（子張《しちょう》篇）

――遠くから眺めるといかめしくて近づき難いが、近寄ってみると穏やかで親しみやすい。その言葉を聴くと厳しいが正しい。

以上三篇は、弟子たちがそれぞれに述べた感想であり、孔子像ですが、共通するところがあります。

まとめていうと、孔子は、人に優しく穏やかな面を持ちながらも、自分自身に対しては時に厳しく時に自由闊達で、熱く燃える心といつも変わらぬ強い信念の持ち主である、と言えるでしょう。

政治家や経営者でも、リーダーは多面的であり、時と場合によってその印象はまったく異なります。逆にいえば、リーダーとは、そうした使い分けをしなければならないことが、よくわかる論語ではないでしょうか。

「四十歳過ぎたら自分の顔に責任を持て」と言ったのはリンカーンですが、その人の生き様は、姿かたちとなってにじみ出てくるものです。ただ、品性や知性、感性を磨くべし、と口酸っぱく言われても、その研鑽の結果が容貌にまで現れるとは、若い頃はわからずに過ごしてしまいます。

社会に出て荒波にもまれ、家庭や仕事の責任を担って初めて、頼もしさが顔に刻まれます。親兄弟の愛情に包まれ、他人への思いやりを持つと、その優しさが顔に現れます。いつも謙虚に学ぼうとする姿勢を持つと、慎み深さが顔の表情となります。情熱と志を常に秘めていれば、芯のある顔つきになります。

毎日毎日を真剣に生き、そして、積極的に学ぶ機会を持っていれば、自然と顔つきは変わっていくのでしょう。

往くに径《こみち》に由らず

往《ゆ》くに径《こみち》に由《よ》らず。
公事《くじ》に非《あら》ざれば、未《いま》だ嘗《かつ》て偃《えん》の室《しつ》に至《いた》らざるなり
（雍也《ようや》篇）

ことわざにもある語句ですが、出典は『論語』です。どこへ行くにも近道や抜け道を通らずに、大通りを行くという意味であり、何事においても、小細工などせずに公明正大であることのたとえです。

『論語』では、こういう話の中に登場します。弟子の子游《しゆう》が、魯の国の小さな町の城主に任命されました。子游は、「優れた人材は見つかったかね」と孔子に問われると、「澹台滅明《たんだいめつめい》という人物を得ました。彼は、道を行く時は近道をせず（反則や横着をしない）、公の用事以外で私の部屋を訪れることはありません（仕事に私的なことを持ち込まない）」

澹台滅明は、今でいう公務員の管理職として採用されたのでしょう。公人としての心得として、たとえ遠回りでも正しいことをする公明正大さと、交友のけじめを持つ、清廉潔白さを認められたのです。

交友のけじめとは、実に難しいものです。何をもってけじめとするか。この論語では、個人的な利益のために公的なことを利用しない、公私混同をしないことを示唆しています。

誰しも自分のために生きているのですから、利己心はあって当然と思いますが、自己顕示欲や金銭欲などの私心が過ぎると、必ず大きな間違いのもととなります。とくに公人の場合は、肝に銘じなければならないことであり、私たちが公人を選ぶ指標でもあります。

ところで、このような澹台滅明の人柄を見抜いた子游は、さすが孔子の高弟と思うのですが、実は孔子は、この澹台滅明の並外れた学識と才知を、事前に見抜くことができなかったというのです。彼が孔子に弟子入りを願い出たとき、愚鈍で才能に乏しいと評価してしまいました。

その理由は、澹台滅明の容貌が醜かったからだといいます。しかし、孔子門下生として学問を始めてからは、その人柄がつとに光ってきたのです。

孔子は後に、「容貌で人を判断して、醜い子羽《しう》（澹台滅明のあざな）を見誤った」と述懐しています。

聖人君子と言われる孔子でも、間違いがあるということが端的にわかる事例ですが、それをさらりと認める孔子は、さすがだと思います。

均《ひと》しからざるを患《うれ》う

寡《すくな》きを患《うれ》えずして、
均《ひと》しからざるを患《うれ》う
（季氏《きし》篇）

この論語は、国を治める人たちが心すべきことを説いた章です。一部抜粋して紹介しましょう。

「寡《すくな》き」とは、財産が少ないこと、貧しいことで、「均《ひと》し」とは平等ということです。この語句の意味は、「国民の貧しさに心を痛めるのではなく、不平等にならないように心を砕くのが、真の為政者である」ということです。

言い換えれば、「貧しさを憂えず、不平等を憂う」ということですが、よく考えてみると、為政者が心すべきことというよりも、私たちの深層心理を突いた言葉ではないでしょうか。

日本には、かつて非常に貧しい時代がありました。裕福な人たちはほんの一部で、八割から九割が貧しかったとき、人々はそれを不幸と思ったでしょうか。皆が同じような状況に置かれて、一様に貧しければ、さほどの不満は感じなかったのではないでしょうか。

それよりも、金銭面や待遇面で不平等になるほうが、人として耐えられないのではないでしょうか。自分が何かに不満を持つとき、その不満の原因を突きつめていくと、金銭の多寡ではなく、評価の不平等さにあることに気がつきます。

そういう人の心理をよく理解していると、自分自身の感情を分析する場合にとても役に立ち、物事を解決するときのいい手助けになります。

そして、その心理を子育てに、事業の運用に、政治に活用すれば、人々の不満を事前に解消でき、個々の心の平安に、事業の発展に、ひいては社会の安定につながるのです。

本項の論語の続きを述べましょう。

国の指導者は、国民が貧しいことを憂えず、不平等さを心配する。人口が少ないことを気にするのではなく、人々が安心していないことを気に掛ける。国民が平等であれば貧しさは気にならず、人々が調和していれば人口の少なさは気にしない。民心が安定していれば国が傾くことはない。

孔子が言わんとしていることは、国民の安定こそが国を安泰にする基礎である、ということです。このことは、家庭や職場、事業の舵取りにも当てはまることではないでしょうか。

小利《しょうり》を見ることなかれ

速《すみ》やかならんと欲《ほっ》することなかれ。
小利《しょうり》を見《み》ることなかれ

（子路《しろ》篇）

「小利」とは、小さな利益です。小さな利益にとらわれてはいけない、という意味で、弟子の子夏《しか》がある町の長官になったとき、孔子がアドバイスした言葉です。

また、「速やかならんと欲することなかれ」とも助言していますが、「小利を見ることなかれ」と同じように、その概要は、焦ってはいけない、ということ。成果を急ぐと、目的に達することができない。目先の小さな成功にこだわると、大事は成し遂げられない。これらは、数多くのことわざにもなっています。

まず、「小利を見ることなかれ」と同じような意味を持つことわざは、「鹿を追う者は山を見ず」「雀脅して鶴を失う」「小利大損」。

次に、「速やかならんと欲することなかれ」は、「急《せ》いては事を仕損じる」「急がば回れ」「短気は損気」などなど。

ざっと探しても、これだけのことわざが出てくるということは、政治だけではなく、どんな事態においてもあてはまる教訓であり、陥りやすい事柄なのでしょう。

では、どうすればこれらの過ちを回避できるのでしょうか。それには、物事を達成するための三原則を学ぶとよいのです。

一つめは、物事を長期的に大局的に見る、ということです。目先にとらわれず、木の上に立って遠くを見るように、鳥の眼を持って物事を俯瞰《ふかん》するのです。余談ですが、親という漢字は、木の上に立って見ると書きます。子育ては、長期的にするものということでしょう。

二つめは、物事を多面的に複眼的に見る、ということです。一つの現象が、立場が変わると反対のとらえ方になります。また、同じ人が見ても、角度によって違う形に見えます。一枚の葉っぱに裏表があるように、物事には必ず多面性があるのです。

三つめは、物事を本質的に見る、ということです。本当の目的、原点を見失わないようにするために、何が根本で何が枝葉なのか。どれを優先してどれを省略するのか。物事を考えるときは、いつも本質か抹消かを分析して、それらを区別する習慣をつけることが大切です。

いかがですか。これらの三原則を知っただけでも、ちょっと得した気分になりませんか。

善《よ》からざる者が悪《にく》む

郷人《きょうじん》の善《よ》き者《もの》はこれを好《この》み、
その善《よ》からざる者《もの》はこれを悪《にく》まんには如《し》かざるなり

（子路《しろ》篇）

「善からざる者が悪む」とは、直訳すれば、悪人から憎まれるということです。どういうことか、この論語の全体を説明しましょう。

弟子の子貢《しこう》が孔子に尋ねました。

「地元の人が皆ほめるという人物はいかがでしょうか」

孔子は、「それでは十分とは言えない」

「では、地元の皆から嫌われる人物はいかがでしょうか」

孔子は、「それも十分とは言えない。最もよいのは、地元の善人からほめられ、悪人からは憎まれるような人物だ」

これは、人物評価の基準を示した論語です。

孔子はすべての人からほめられることを十分ではないとし、すべての人から嫌われるのも十分ではないとしています。最もいいのは、善人に好かれ悪人から嫌われることだ、というわけです。

私たちは、万人に好かれたいと思うし、誰からも嫌われたくないと思ってしまいます。ほめられればうれしいし、悪口を言われれば傷つくからです。

しかし、そこでよく考えなければいけないことは、誰がほめているのか、誰が悪く言っているのか、ということです。

物事の道理をよく知っている人からほめられることは、まさしく喜ばしいことですが、そうではない人からほめられても、自分の真価がわかってほめているわけではないので、うれしいとは言えないでしょう。また、反社会的な人には疎まれる存在にならなければ、逆に自分の資質が問われてしまいます。要するに、どういう人に好かれて、どういう人に憎まれるのかが大切なのです。

また、いい評価でも悪い評価でも、受け取る側の考え方によって、その様相は大きく変わってきます。

勝海舟は、「毀誉《きよ》は人の語るところ。吾《われ》関せず。行蔵《こうぞう》は吾にあり（けなしたりほめたりは人が言うことで、私は関心がない。行くも退くも自分で決める）」

また、「人の評価は株と同じ。上がった株も下がる時があるし、下がった株もいつかは上がる。その上がり下がりの時間も長くて十年はかからない」と、達観しています。

知るを知るとなす

知《し》るを知《し》るとなし、知《し》らざるを知《し》らずとなす。これ知《し》るなり

（為《い》政《せい》篇）

この語句は禅問答のような言葉ですが、『論語』の中では有名な一章です。「知る」とはどんなことかを教えています。

自分が本当に知っていることを〝知っている〟とし、まったく知らないことは当然として、中途半端に知っていることも〝知らない〟と認める。これが知るということだ、と孔子は言うのです。

人に聞いたり本で読んだり、メディアで見たりしたことを〝知っている〟と思うことはよくあることです。しかし、それは本当に知っていることではなく、見聞きしたことがある、という程度でしかありません。それらを知識として深く身につけ、自分のものとして初めて、知ったつもりではなくなる、ということです。

以前、私の友人がこう言っていました。

「私は、もっと勉強しなければと思っています。いろいろな本を読んで、ある程度の知識は得ましたが、まだ人に話せるほどの知識はありません。できれば、勉強したことを子どもたちに伝えたいのです」

何気ない会話の中でしたが、「知る」ということの定義に気づかされた言葉でした。私たちは、少し聞きかじったことでさえ、知ったかぶりをして教えようとします。まして、ある程度勉強したことならばなおさらです。難しいことを子どもにもやさしく教えられるほどになれば、それは習熟したといえるでしょう。『論語』の他の章にも、「習わざるを伝えしか」という語句があります。自分のものとして完全に身につけていない知識を、他人に教え伝えはしなかったか、と自らを反省する言葉ですが、本項の論語に通じる教えです。

ところで、この「知らざるを知らずとなす」と、孔子に諭されたのは、勇猛果敢で直情径行の傾向があった子路《しろ》です。孔子に会う前の子路は、町の荒くれ者でした。秀才でもなく、思慮深くもない彼は、任侠の男で、その場の雰囲気で知ったかぶりをすることがよくあったのでしょう。

しかし孔子は、この子路を大変かわいがっていました。誰よりも勇気と行動力があり、政治力に勝っていた彼は、孔子に対してもずけずけと物を言い、『論語』の中でも、人間的で面白い場面を数多くつくり出しています。『論語』に最も多く登場する弟子なのです。

悪《にく》むことありや

君子《くんし》も亦《ま》た悪《にく》むことありや（陽貨《ようか》篇）

弟子の子貢《しこう》が孔子に尋ねました。「先生でも憎むことはありますか」

孔子は、「私でも憎むことはある。他人の悪い点ばかりを言い立てる者。部下でありながら上司を非難する者。勇ましいが礼儀に欠ける者。決断力はあるが道理が通じない者」

孔子は、逆に子貢に尋ねます。「子貢よ、おまえも憎むことはあるかね」

子貢は、「他人の知恵をかすめ取って、自分が知恵者のように振る舞う者を憎みます。傲慢なことを、勇気と勘違いしている者を憎みます。他人の秘密を暴いて、自分が正直だと自負している者を憎みます」

孔子と子貢の憎む人たちは、私たちもそのとおりと思う、納得の人たちです。

しかし、そういう人たちは、私たちのまったく対岸にいる人たちでしょうか。

孔子が憎むところの、他人の欠点を言う、上司を非難する、蛮勇、独りよがりなどは、私たちもやりがちなことではないでしょうか。まして、子貢の憎む、知識人ぶったり、勘違いする人間は、ともすれば、マスコミの称賛を受けることもあります。

かつて「お金儲けは悪いことですか?」と言った経営者がいました。誰もが認める並外れた才覚の持ち主で、一時は経済界の寵児としてもてはやされた人です。法を犯して逮捕されたとき、前出のようなセリフを言っていましたが、それまでのマスコミ対応や彼の贖罪意識のなさを思うと、釈然としない方は多いでしょう。

私たちは、いわゆる常識という範囲の中で暮らしています。常識は、国によって異なり、時代とともに変わっていきます。しかし、その常識を守ることによって、社会が円滑に動いているのです。

常識とは、一般の人が共有する、知識や価値観、判断力のことです。それらは、他人を思いやる心や正しい知識から生まれてきますが、その人の常識が少々ずれていると、私たちは不快感を覚えます。

孔子や子貢が憎む人たちは、その常識を超えた人たち、他人を思いやる心や正しい知識が乏しい人たちではないでしょうか。

私たちは、思いやりとは何か、知恵とは何か、勇気とは何か、正義とは何か、を正しく知っていないと、誰でも簡単に〝憎まれる人〟に陥ってしまうでしょう。

己の欲せざるところ、人に施すなかれ

己《おのれ》の欲《ほっ》せざるところ、人《ひと》に施《ほどこ》すなかれ
（顔淵《がんえん》篇）

この有名な言葉は、弟子の仲弓《ちゅうきゅう》が「仁とは何ですか」と、孔子に尋ねたときの答えです。

「自分がして欲しくないことは、人にもしない」

他人のことでも自分のことのように考える、ということです。

他の弟子たちからも「仁」について尋ねられていますが、孔子は、弟子たちの性格や学問の習熟度によって、その都度異なった答え方をしています。

たとえば、おしゃべりで軽々しいといわれていた司馬牛《しばぎゅう》には、「言葉を慎む」。少し飲み込みの遅い樊遅《はんち》には、わかりやすく「人を愛する」。

人の性質や素質、理解力など状況に応じて適切な指導をすることを、応病与薬《おうびょうよやく》と言いますが、まさに相手への思いやりの極地であり、孔子ならではの「仁」の在り方です。

応病与薬を実践していたのは、徳川家康です。家康には、個々の特性を生かした家臣団がいました。酒井忠次《ただつぐ》などの「四天王」は知恵や武勇に優れ、また「三河武士団」は比類ない強さを誇っていました。

豊臣秀吉が晩年、諸大名の前で珍品の宝物を自慢し、家康にどんな宝物を持っているのかと尋ねると、家康は「私は田舎者ゆえ、これといった秘蔵の品はありません。ただ私のためならいつでも命を賭けてくれる家臣が五百騎ほどいます。これが私の宝です」と言っています。

昨年（二〇一六）は、家康没後四百年でした。家康は武家として、武力で社会の安定を目指しました。応仁の乱以降百二十年以上続いた戦乱の世を憂い、戦のない平和な世の中をつくるという大義のもと、「厭離穢土欣求浄土《おんりえどごんぐじょうど》」を旗印に掲げて、天下人となったのです。

幼少の頃より雪斎《せっさい》和尚に学問を学んだ家康は、論語にも精通していました。ですから、孔子と同様、国家の安定や人々の安寧を願ったのでしょう。

世の歴史家は、信長を天才、秀吉を人間通と呼びますが、では家康はというと、非凡なる平凡人と称します。それは、家康の功績は、謙虚に学んだことを実践して得た結果だからです。学んで実践する非凡さが、家康のすごさといえるでしょう。

家康の非凡さは、論語の「学んで習う」を基本としているのです。

第二部

人生が変わる名言

リーダー編

リーダーとは単に集団の代表を意味する場合もありますが、本来は、指導者であり、統率者のことを言います。国のリーダーは政治家であり、企業のリーダーは経営者です。

リーダーには、組織を統率する情熱と、組織を背負う責任と、組織を導く先見性が不可欠です。そうしたリーダーたらんとする人を励ます名言を紹介します。

初心忘るべからず

「初心忘るべからず」は、古くから世に浸透している名言です。あまりにもポピュラーなため、つい聞き過ごしてしまいがちですが、どの世界のリーダーにも通用する重い言葉として私は受け止めています。「人の過ちは驕りの一字から」と言いますが、その驕りを戒めるために、初心を思い起こすことが必要なのです。

能楽師の世阿弥《ぜあみ》は、その芸道論の中で初心についてこう述べています。初心には三つある。それは「是非の初心」「時々《じじ》の初心」「老後の初心」であり、この三つを忘れてはならないと。

「是非の初心」とは、若い頃の芸の未熟な時の初心です。自分の芸がどれだけ未熟であったかを覚えておくことで、後に自分の芸の上達ぶりを相対的に知ることができ、同じ過ちを犯さなくてすむ、と言うのです。

「時々の初心」とは、ステップアップしていく過程での初心です。それぞれの段階で学んだ芸も、その段階では初めての経験なので初心となる。芸を上達させたいのであれば、その時々の初心も忘れてはならない、と言います。

「老後の初心」とは、たとえ達人の境地に達したとしても、その境地に足を踏み入れた時点で新たな初心となる。ある程度の芸の極みにまで達しても、これでよいと言えるような到達点はない、ということです。

つまり、この教えの意図は「芸を始めた時の志」だけではなく、その都度経験したことを忘れず、新しい試練に立ち向かっていく大切さをうたっているといえるのではないでしょうか。

守《しゅ》・破《は》・離《り》

約四百年前、茶の湯を「茶道」にまで高めた千利休《せんのりきゅう》も、いつになっても原点、初心に戻れ、と教えています。

利休道歌に「規矩作法《きくさほう》　守り尽して　破るとも　離るるとても　本《もと》を忘るな」とあります。

規矩とは規則や手本のことですが、千利休は、茶のお手前、作法は、基本を大事にしなければいけない、と教えるのです。

この道歌は、私たちの日ごろの仕事にも当てはめることができます。仕事をする上で、まず「守」、基本中の基本を守れということ。次に「破」、原則は守りながらもその応用も大切であるということ。三つ目は「離」です。「守」「破」を重んじながらも、自分流に仕事ができるようになること。芸術の道では名人の境地と言えるでしょう。そして最後に、名人の境地に達しても「本を忘るな」というのです。

吾、事において後悔せず

宮本武蔵は、放浪の中で沢庵《たくあん》和尚や柳生石舟斎《せきしゅうさい》と出会い、剣の達人になる心構えを教わります。そして生涯で六十数回の試合を行いますが、一度も負けたことがなく、日本一の剣豪となっていきます。

武蔵は後年、兵法を説いた代表的著作『五輪書《ごりんのしょ》』のほか、いくつかの遺訓を残しました。その中の一つ「独行道《どっこうどう》」にある言葉です。

「吾、事において後悔せず」

これは、武蔵が自分の人生を振り返って、人間が生きていく上でいちばん大事な心がけは何かと問うたとき、悟った言葉です。

「一生において大事なことは、自分の進む道を早く定めて、そのことに全力を尽くすこと。そして、後になってああすればよかった、こうすればよかったと後悔しない。そんな毎日を過ごすことだ」

心にとどめたい一言です。

神仏は尊し、されど頼まず

同じく、宮本武蔵の遺訓「独行道」の中にある言葉です。

武蔵は、闘いに臨むに当たり、神前で拍手《かしわで》を打ち勝利を祈りました。しかし武蔵は自身を頼みにし、神頼みはしなかったというのです。

これは、自分の身のまわりに起こる出来事、仕事の成就の成否は、すべて自分の言動の結果とするべきであり、神頼みをしてはならない、すなわち「自己責任主義」を言ったものです。責任転嫁をしない、とも言えるでしょう。

今、日本社会の各界各層において、この「自己責任主義」の曖昧さが物事を複雑化させ、ひいては大きな不祥事にもつながっているのではないでしょうか。

リーダーとして、その道のプロとして、責任を全うする覚悟で事に当たらなければならない、ということだと思います。

武士道

明治時代、「太平洋の架け橋」と呼ばれた人がいます。国際平和と日米親善のために尽力した新渡戸稲造《にとべいなぞう》です。彼は敬虔なクリスチャンであり、長年海外で生活していました。

あるとき、欧米人の仲間に「私たちは宗教によって倫理観を持つが、日本人は何を心の規範としているのか」と問われ、稲造は、日本人の道義心は、個人の権利よりも社会全体への義務を重んじる武士の魂にあると考えました。そして、欧米諸国に日本人の精神を理解してもらうために『武士道』を執筆し、アメリカで出版したのです。

その名著『武士道』では、日本人としての原点が書かれています。それは、日本の道徳観念であり、日本人としての品格や、道義の根幹を成すものです。新渡戸稲造は三つのことについて述べています。

一つは、自己責任、自分の言行には常に責任を持つ。

二つは、他者への配慮、相手の立場に立って考える。

三つは、義務の遂行、立場に伴う義務の遂行に常に努める。

「自己責任」「他者への配慮」「義務の遂行」――これらを精神的土壌として重んじてきた日本人の国民性は、やはり世界に誇れるものだと思います。

偽私放奢《ぎしほうしゃ》

政治家や経営者など、リーダーが日ごろから心がけなければならない戒めが、コンパクトに四字熟語になったものです。これを放置していると、国は存亡の危機に瀕し、会社はピンチに立たされてしまいます。

「偽」とはうそがないか、ということ。

「私」とは私心。私利私欲が強すぎないか、ということ。

「放」とは放任。責任を放棄していないか、物事にけじめをつけているかどうか、ということ。

「奢」とは奢り。権力や、マンネリからくる驕りはないか、ということ。

この「偽私放奢」は、「初心に還り、自らをチェックする」ときに、その指針となってくれる、四つの心得です。

事を省く

十数年前、当時の小泉純一郎首相が大臣諸氏に佐藤一斎《いっさい》の「重職心得箇条《じゅうしょくこころえかじょう》」を薦めたことがありました。これは江戸時代の末期に書かれたもので、かつては、行政に携わる人たちの必読文書であったようです。

その中で、印象に残る件《くだり》がありました。「反省」という言葉に使われる「省」という文字についてです。皆さんご承知のとおり、「省」は、反省する意味の「省《かえり》みる」と、省略する意味の「省《はぶ》く」という読み方があります。

国の官公庁の名称を思い浮かべてください。外務省、財務省、文部科学省……、すべてに「省」がつきます。これには訳があると思うのです。

行政に身をおく者は、とかく慣れすぎて仕事を省みなくなる。だから日々「これでよいのか」と反省をすることが肝要である。そして、仕事を複雑化せず、無駄をなくし、早く処理する。すなわち、仕事は省くことが大切なのです。先人たちは、そういう戒めを込めて、官公庁の名前を付けたのではないでしょうか。

こうした考え方は、行政だけではなく、民間の経営者にも言えることです。日々、「これでよいのか」また、「無駄はないか、仕事は効率的か」と、いつも前を向いて仕事を攻撃的にこなす。ぜひ心がけたいことです。

上善如水《じょうぜんじょすい》

これは、孔子と並ぶ著名な中国の思想家である老子が残した言葉を、四字熟語にまとめたものです。

「最も理想的な最高の生き方は、水のような生き方である。水は万物をうるおし生命を養うが、けっして争わず自らの功績を主張することもない。そして水は誰もが嫌がる低い位置へと流れ、謙虚に収まっている」

この「上善如水」をもとに、後年語り継がれた「水五訓《ごくん》」があります。時代とともに言葉が変わり、私見も入っていますが、その教えをご紹介しましょう。

一、水は方円の器に従う。

二、水は岩を避け、然れども岩を穿《うが》つ。

三、水は万物を養っているが下にいる。
四、水は時に雲となり霧に変じ雪と化し玲瓏《れいろう》たる氷となる。然れどもその本性を失わず。
五、水は汚れを洗い、自らは透明性を保つ。

方円の器に従うとは、柔軟性を持っていることをいいます。四角い器には四角く、丸い器には丸く収まるからです。

岩を避けるとは、老子の説く「不争の徳」のこと。他と争わずに障害を避けて通るからです。しかし、けっして卑屈になっているわけではありません。なぜならば、ほんの一滴の水でも、永年持続することによって堅い岩にも穴を開けることができるからです。これは、一つのことに目的を定め行い続けるという集中力、継続力の大切さを意味しています。

万物を養っているが下にいるとは、謙虚さ、無私の心を表します。

雲や霧、雪、氷と姿を変えても本性を失わないとは、千変万化の応用性を持ちながらも、その本質、主体性は変わらずに持っているということです。そして、水は汚れを洗うが、自らは汚れずに水本来の透明さを保っているのです。

リーダーは、時にして清濁合わせ飲むことが求められます。清く正しいばかりではない世の中で舵を取らなければならないリーダーに、水のような生き方が理想とされるゆえんでしょう。

威《い》・愛《あい》・清《せい》・簡《かん》・教《きょう》

この五文字は、人を魅了するリーダーの姿を現しています。

「威」とは威厳です。「重からざれば威あらず」といいますが、人物の重厚さが威厳となっているということ。遠くから見ると山のようにどっしりしているが、近づいてみると温かい。リーダーの理想の姿です。

「愛」とは優しさです。相手の立場に立つ思いやりがあるということ。しかし、自分に厳しいことは無論のことです。

「清」とは清廉さです。私心がなく公正ということ。自分の利益を最優先させるような卑しさがない、ということです。

「簡」とは簡潔さです。「言は簡を要す」といいますが、言動は簡潔にシンプルがいいということです。

「教」とは、リーダーには教わるものがあるということ。見識豊かなリーダーの言動は、そばにいる人たちにとってお手本となり、よい影響を与えます。

愛されると思うな 恐れられよ だが恨まれるな

この文言は、リーダーとしての威厳や権限を保つには、部下たちに「いい人」だと思われるよりも「怖い」と思われるほうがよい、ということです。

人は、優しい人に好意を持ち、素直な気持ちで命令に従います。しかし、年月が経つにつれ心にゆるみが生じて自分自身に甘くなり、優しい上司を見くびるようになります。そこで歯止めをかけるのが、恐れられる上司なのです。

「怖い」というと「ひどい」と勘違いしやすいかもしれませんが、この名言には「恨まれるな」が続いており、リーダーたるものは、公正さを欠いてはいけないというわけです。

一般にリーダーは組織の中において、給料の査定権と人事権を多少なりとも有しています。そのとき容易に心を見せずにいれば、部下は自然とリーダーを恐れるものです。その前提として、尊敬される人柄であることは当然のことですが。

そして恨まれないためには、少なくとも皆の面前で恥をかかせないこと。叱ったあとは必ずフォローすることを忘れてはなりません。

天知る 地知る 汝《なんじ》知る 我が知る

ある人が、二人だけの時に言いました。

「誰も見ていない、君と僕の二人しか知らないのだから」

彼は、人としてやってはいけないことをパートナーに提案したのです。しかし、そのパートナーはこう答えました。

「自分たちの行動は、天が見ている。地が知っている。お互い二人が知っているではないか。何よりも自分の心が知っている」

悪事や不正は必ず露見する、だから自分の心に反することは絶対にしてはならない、ということわざです。

「天網恢恢疎《てんもうかいかいそ》にして漏《も》らさず」（天の張る網は、広くて一見目が粗いようだが、悪人を網の目から漏らすことはない）とよく言われますが、この教えは、人が見ているかいないかでころころ態度を変えてはいけない、という教訓でもあるのでしょう。

信無くば立たず

「迷った時は、原点に返れ」と言います。リーダーの原点、それは「信頼」です。政治を志す人は、国民、県民、市民から信頼される政治家を目指すことが原点です。そして、そのことが初心だったはずです。

また、経営者は、社員、取引先、ユーザーから信頼されることによって、事業の繁栄が約束されます。

『論語』に「信無くば立たず」という言葉があります。人と人、国民と自治体、お互いの信頼を失うとき国は亡びる、という先人の教えです。

信頼は、人としていちばん大切なことであり、社会がよりよく機能するための要諦の一つです。しかしながら、社会構成の礎であるにもかかわらず、残念なことに、今、最も失われつつあることも事実です。

リーダーとしての原点である信頼について、わが身を振り返り胸に手を当て、今一度考えることを訴えたいと思います。

原点とは極めて簡単明瞭なことですが、簡単明瞭なことこそ真理である、とも言えるのです。

将《おく》らず、迎《むか》えず、応じて蔵《おさ》めず

これも中国にある教えです。

「将らず」とは、過去のことです。過去はすでに終わったことだから、くよくよ悩まない、過去にとらわれない、ということ。

「迎えず」とは、将来のことです。将来はわからないのだから、考えすぎてむやみに恐れることはない、ということ。

「応じて蔵めず」とは、今のことです。今、いろいろなことに相対したとき物事を素直に受け止め、必要以上にこだわらない、ということ。

「将らず、迎えず、応じて蔵めず」とは、過去にとらわれず、未来を恐れず、今を楽しく前向きに生きる、ということです。言い換えれば、今の今に全力を尽くせ、ということでしょう。

後生畏《こうせいおそ》るべし

やはり中国に、「後生畏るべし」という言葉があります。「後生」とは、若い人や後輩のことです。

つまり、若い人や後輩たちはやる気や精力があるから、彼らが精進して一生懸命に仕事をしたら、必ず先輩たちを追い越していく。そういう後輩を畏敬し、励ます言葉です。

しかし、これには対句があります。

「四十にして聞こゆること無くんば畏るるに足らず」

ある程度の人物になると、四十歳頃までには頭角が現れてきて、人の話題にのぼるようになる。それが聞こえてこなければ、畏れるほどの後輩ではない、というのです。

二十代、三十代の、日々の生活の送り方が、やがてくる四十代、五十代の生き方を決定づける、ともいえるでしょう。

小鮮《しょうせん》を煮るがごとし

小鮮とは小魚のことです。小魚を煮るのにやたら引っかき回したら、頭も尾もとれてしまいます。コトコトゆっくり煮ることが肝心です。それと同じように、大国を治めるには、権力で細々《こまごま》と指図するのではなく、寛容にゆったり待つことが大事である、ということです。

これもリーダーの大切な心構えと言えるでしょう。事が成るためには熟成が必要であり、ある程度の時間がかかるものだからです。

しかし、だからといって何もせずにただ待っていればよいのか、というわけではありません。小魚を煮るときも、焦がさないように火加減し、味見をし、煮魚から目を離さずにいます。料理人は、味付けの塩梅と、火を止めるタイミングを計っているのです。

リーダーの役割も、じっと待つだけではなく、大局を見ながら判断することと、その決断のタイミングを計ることが肝心と言えます。事が成就するためには、よく見る観察力と、気長に待つ忍耐力、そしてタイミングを計る決断力が必要なのです。

浜までは　海女《あま》も蓑《みの》着る　時雨《しぐれ》かな

これは江戸時代に詠まれた俳句です。

雨の日に海女は傘などささなくていい、どうせすぐに海にもぐるのだから――そう考えてしまいがちですがそうではない、という一句です。

ベスト状態で仕事をするために、海に入るまで身体を大事にし、冷えないように蓑をまとって行く。そういう日ごろの心がけと配慮こそが、プロの意識だというわけです。

実績を残し年輪を重ねたリーダーは、それに満足し安住してはなりません。常に脱皮し前に進まなければならないのです。

現状維持は退歩です。今日という日が、明日になればすでに過去になるのと同様、放っておけばもう後退していることなのです。そうならないために、こうした立派な海女の心構えを忘れてはならないのです。

乃公出《だいこうい》でずんば

世に出ようとする人の自信を示す言葉です。自分がやらねば誰がやるんだ、という意気込み、気概を表します。

「乃公出でずんば、蒼生《そうせい》を如何《いかん》せん」

蒼生とは人民のことですが、自分が行動を起こさなければ世の人たちはどうなるか、という憂国の高い志に燃え、決意を表明する言葉です。

三井物産の社長も務めた石田禮助《れいすけ》が、七十七歳で誰もが嫌がる国鉄総裁に就任するにあたり、「乃公出ずんばの心境だ」と言ったことはよく知られています。

石田は、赤字に苦しんでいた国鉄に民間企業の経営スタイルを試行的に導入し、次々に成果を挙げました。その仕事ぶりは、城山三郎の小説『粗にして野だが卑ではない』に詳しく記されています。

変革を求める者が生き残る

進化論を説いたダーウィンは、著書『種の起源』の中で「最も強い者、最も賢い者が生き残るのではなく、変革を求める者が生き残っていくのだ」と言っています。

これは、私たちの社会、組織にも当てはまることではないでしょうか。肥大化した社会機構、企業組織を変革していく。そのことが、一般社会や組織の活性化につながっていくのだと思います。

社会や会社、組織を担うリーダーは、それぞれの立場で勉強し研修する。そして、今するべきことがあれば、具体化するまで「やるぞ」という不退転の信念を持って実践に移す。

この「やるぞ」という強い思いは、事が成就するか否かを分けるものです。リーダーとして一つの事をやり続ける信念の大切さは、多くの先人たちが身をもって示しています。

情熱・責任・先見性

リーダーに欠かせない要素、それは、「情熱」「責任」「先見性」です。

どんな立派な約束事を掲げても、その実践は「人」にあります。心構えいかんによっては、約束事は絵に画いた餅となります。公の立場で表明したことは何が何でもやり抜く、という「情熱」がなくてはなりません。

また、自分の行動の結果がどうであろうとも、その「責任」をとる覚悟がなければなりません。

そして、自分を信じて付いてきてくれる人たちのために、先を見る努力、すなわち「先見性」を磨く精進をしなければなりません。

リーダーは、「情熱」「責任」「先見性」を、常に、わが胸に問いかけなければなりません。なぜならば、この三つの要素の欠如は、リーダーとして最も恥じなければならないことですから。

徳は才に勝る

加賀百万石・前田家の礎を創った前田利家は、律義者として名が通っています。列強並み居る武家社会の中で、前田家が明治時代に至るまで続いた理由は、利家が残した家訓にあると言われています。それは信を重んじ、律義を良しとする家訓でした。

それに比べて今の世の中は、人柄より頭の良さや要領の良さが勝っているように思えます。「才気走る」という言葉や「才子才に溺れる」という言葉がありますが、夏目漱石は「知に働けば角が立つ」と言っています。

今、私たちを取り巻く日本の社会は、乱気流の真っただ中にあります。ことに高度な技術を持った専門職の人たち、知的集団である行政の関係者が関与している事件が、なんと多いことでしょう。すべて「才が走る」ことが遠因となっています。

才は知識であり技術であって、人格を伴いません。人格とは、律義さであり、誠意と誇りを旨とします。

「徳は才に勝る」と言うとおり、社会全体が知識者の集団だからこそ、才より徳に目を向け、律義さの大切さを忘れてはならないのだと思います。

私心のない公平さ

政治家は、いかに民意を汲み取り、それらを調整してより高いものに仕上げていくかが問われます。経営者は、いかに利潤を上げるか、そして、それが社会にとってよい結果を生むか、ということが問われます。それらを成し遂げるために、政治家や経営者には、時代を読むための情報収集力が不可欠です。

しかし、情報の収集だけでは何の意味もありません。その情報を政治や事業に反映させるためには、それらを的確に分析し、実行しなければならないのです。

その分析と実行に、リーダーの私心のなさ、公平さが求められるのです。私心とは、公の立場にありながら自分個人の利益を優先することです。リーダーとして最もあるまじき心のことを言います。

また、公正さは、結果的には、人様に迷惑をかけないばかりか、わが身を守ることにもつながります。

こうした公平無私の心を養うためには、人の道を教えてくれる哲学や知恵を学ばなければなりません。知識や経験から得た深い考え、信頼する人の助言などを通して、物事を本質的にとらえる見識を磨いておかなければならないのです。

それは、歴史や古典によって学ぶことができます。歴史や古典を読むことで、時代を超えて語り継がれてきた、人としての大事な基本が学べるのです。

矛盾の調整役

リーダーシップの遂行は、一言で言えば、「矛盾の調整」にあると思います。グローバル化により世界各国間での利害の対立が浮き彫りにされ、また国内でも社会の価値観の多様化が進み、人はそれぞれの立場で自由に主張し、訴えることができます。

そのような民主主義の社会の中、コンプライアンス（法令遵守）の徹底だけでは、政治も経営も行き詰ることがあります。

社会の実情は、「矛盾」と「衝突」を内包しており、けっして、どちらか一方が正しく、どちらか一方が悪である、というわけにはいきません。リーダーは、その矛盾の調整をするのが職務、と心得なければならないのです。

政治においては「公平」と「正義」を旨とし、「矛盾」を抱えながらも、国や行政の全体のバランスを大きく計ることが求められます。

経営においては「利潤」を追求しながらも、社会と個人の「人道主義・ヒューマニズム」を図らねばなりません。利益とヒューマニズム、矛盾しているようですが、その巧みなバランスによって、人も社会も幸福となるのです。

正しい繁栄は正しい考え方から

明治時代、今日の日本の経済社会の礎を築いた渋沢栄一が「会社の利益繁栄は、正しい考え方、正しい行いの積み重ねであり、結果である。『利は義の和』である」と言いました。

彼は、維新政府に仕えた後、日本初の民間銀行や五百社にのぼる会社を設立したことで知られています。

先の言葉を噛み砕いて言えば、「正しい繁栄、結果は、正しい出発、考え方から」と言えるでしょう。

公平、正義に反する仕事の結果は、一時的にうまく行ったかに見えても、長い眼で見れば必ず馬脚をあらわすものです。

社会をリードする人たちは、ことのほか高い道義を心の中に刻みこまなければなりません。その姿勢を持って仕事をすれば、どんなことがあっても恐れることはないのです。

家庭教育編

「一年の計は穀物を植え、十年の計は樹木を植え、百年の計は人を育てよ」と言われます。

また、イギリスのことわざに「その国の将来を見ようとするならば、その国の青年を見よ。その家庭の将来を見ようとするならば、その家庭の子どもを見よ」という言葉があります。

教育を巡る名言は盛りだくさんです。

米百俵の精神

教育に関する名言の中で、とくに有名なのが「米百俵の精神」です。米百俵の精神とは、戊辰《ぼしん》戦争の敗戦により困窮していた、長岡藩の政策として世に知られています。百俵の米も、食べてしまえばたちまちなくなってしまうが、売却して教育にあてれば明日の一万俵、百万俵となる、ということです。

今から約百五十年前、江戸時代から明治時代へ移行したとき、寺子屋や私塾は、全国に一万三千カ所以上あったと記されています。

そこでは、子どもたちに論語を通して心の教育を施し、実学として読み書き算《そろ》盤《ばん》を教えていました。その頃から日本人の識字率は高く、文字が読めない人の割合は世界で最も低かったそうです。

日本は昔から、身分の差に関係なく、教育に関して熱心な国民であり、子どもたちが堅実に生き、国や家庭が繁栄するために、学ぶことをとても大切にしてきました。

資源の乏しいわが国は、明治の頃から既に「教育立国」であり、なかでも道義を重んじる、礼儀正しい国民性だったのです。

教育の目的は「生きる力」

教育には、学校でなされるもの、そして、家庭や社会によってなされるものがあります。学校では、学科による知育、体育のほか多岐にわたる教科があり、家庭や社会では、人としてのマナーを教わります。

それらすべての教育が目指すものは、子どもたちが、社会でたくましく生きていけるようにすることです。言い換えれば、教育の目的は、子どもたちが今後の長い人生を乗り切っていくための基礎をつくること、子どもたちに「生きる力」

を身につけさせることです。

「生きる力」とは、「学力」であり、「体力」であり、「物事をやりぬく意思力」です。それらの要素がしっかり身につくように、子どもたちを育成することが教育なのです。

「生きる力」は知《ち》情《じょう》意《い》のバランス

「生きる力」があるとは、知識・情操・意志力のバランスがよいことです。

知識を伸ばす教育は、いわゆる学力の向上を目指す教育です。知識を豊かにするとともに、考える力、分析する力を身につけさせます。

情操を豊かにする教育は、人に優しい、人の立場を考えられる人を育成する教育です。言い換えれば、社会性を身につける教育です。

意志力を育む教育は、自分がやりたいことを見つけ、それをやりぬく強い意志を持つように指導する教育です。それは、子どもたちの豊かな人生の基礎力となるはずです。

このように、知識・情操・意志力のバランスのとれた人材を育成することが、真の教育の目標といえるでしょう。

また、教育とは、人間形成であり、人格の陶冶《とうや》です。

ドイツの哲学者カントも、人格においては知情意のバランスが大切だと述べています。知識とは、社会生活を生き抜く知恵であり、情操とは、社会生活を円滑に過ごすための人徳であり、意思とは、社会生活を送る上で大切な根気や忍耐を意味しています。

何が正しいか心の教育を

世の中の不安は、単なる経済上の問題だけではなく、人々のモラルの低下からも来ているように思われます。

少しくらい環境を汚染しても、儲かるならば目をつむる。生産している食材や食品が消費者の健康に悪いとわかっていても、利益のために売ってしまう――何が正しくて何が正しくないのか、何が美しいことで何が醜いことなのか、という観点に重きを置こうとしない。

このように、人間が生きていく上でいちばん大切なことをないがしろにしていることが垣間見えます。

何事も「功利」を優先し自分さえ良ければいい、という、永年にわたるモラルの欠如が、企業内や社会一般、家庭にまで広がり、人間を不安におとしめているのです。

私たちは、子どもたちが生きていく上で、「何が正しいことか」「何が美しいことか」という、「心の教育」に目を向ける必要があります。

勤《きん》・倹《けん》・譲《じょう》

これは、人が幸せに生きるために必要なことを述べています。勤勉に働いて、得た収入は倹約して使い、余った一部を他に譲る、という二宮尊徳の精神です。

薪を背負って本を読む二宮金次郎の銅像から、彼の勤勉さは有名ですが、捨てられた苗を荒地に植えて収穫する、といった財政面でも卓越した能力の持ち主でした。その尊徳は、江戸時代末期の農政家として活躍します。郷土の小田原藩の家老を始めとして、見事な手腕で、疲弊したあちこちの武家の財政を立て直しました。その思想の根底には、この「勤・倹・譲」の哲学があったのです。

私流の解釈として、「勤」は地道にまじめに働く。「倹」は無駄を省く。「譲」は他に譲る。自分の意見を持ちつつも、他の人の意見も聞き、互いに譲り合って協力するということです。

良い習慣は「五定点」から

慶應義塾大学を創設した福沢諭吉は、「子どもの教育の第一歩は、良い習慣を身につけることだ」「子どもの頃に身についた習慣が、その人の人生を左右する」と言っています。

さらに、「子どもにとって家庭は習慣の学校であり、父と母は習慣の教師である」とも述べています。

ところで、最も基本的な生活習慣は、起きる時間と寝る時間、そして三度の食事の、五つの定点《ていてん》がきちんと行われていることです。この「五定点」は、子どもたちの日々の生活のリズムをつくる上で大切な事柄です。「五定点」の習慣をつけることは、まさに、大人が子どもたちのためにすべきことでしょう。

こういった当たり前のこと、私たちの日常生活を見つめ直し、悪い癖は修正し、良いことは子どもたちと一緒になって私たち親も実行する、そして習慣化することが急務ではないでしょうか。

共感体験は子どもの基礎をつくる

人間としての情愛の教育は、お父さん、お母さん、おじいさん、おばあさん、地域の方々がその大半を担うといっても過言ではありません。

家族と子どもたちとの触れ合い、それは親子が一緒になって遊ぶ、散歩に出かける、四季の移り変わりに共に感動する、こうしたことの積み重ねが、家族愛や隣人愛を育て、人間として生きていく大切な情愛を育むと思えるのです。親子共通の体験をおろそかにしてはなりません。

私たち大人は、毎日仕事に追われ忙しく過ごしています。しかし、子どもらと一緒に体験できる教育材料は、足元にたくさんあります。

かつて青春は一度きりと言ってきた私たちですが、子育てこそ人生一度きりです。休暇制度や家庭回帰現象もあるなか、子どもたちと一緒に過ごす時間をつくらなければ、もったいないと思うのです。

楽しい幼児体験は、親と一緒に体感する、親と共感し合うことで、いっそうの輝きを増します。親子の団らんは、子どもたちの人生の基礎をつくり、心豊かに成長していく糧《かて》となるのです。

のびのびと育てる

ノーベル化学賞を受賞された、元名古屋大学教授の野依《のより》良治先生は、子どもの頃はガキ大将でいたずらっこ、自由闊達に育ったそうです。ご自身も振り返って、そういった幼少期の、のびのびとした生き方が、ノーベル賞受賞に大きく影響している、豊かな発想を生んだ原動力となっている、と述懐しています。

いわば野性味あふれる子育て、とでもいうのでしょうか。しかしそれは、自然豊かな地理的環境だけではなく、子どもたちを取り巻く大人の姿勢にも、いえることではないでしょうか。

何々をしてはダメといった禁止の多い教育。何々をしなさいといった命令の多い教育は、子どもを萎縮させてしまいます。できるだけ子どもの自主性を重んじる。その中で、私たち大人が、子どもの生活をいつも見守っていることが肝要だと思うのです。

家庭においては、時には親と子が一緒に行動し、その大変さや感動を共有することによって、親子の絆がもっと内面にまで深まります。そんな家庭生活、親と子の関わりのなかで、私たち親は、子どもたちに社会のマナーを教えていく責務があるのです。

「人に迷惑をかけない」「自分が嫌なことは、人様にもしない」といった、生きていく上で最も大切なマナーを、親子が一体となって確認し、ともに実践していく。そんな自由で温かく、規律あるご家庭は素晴らしいと思います。

子育ては親育ち

子育ては、大人から子どもたちへというような、上から下への視線ではなく、目線を同じ高さにして、「一緒に考える」「一緒に何かをする」ことが大切です。

子どもたちは、そういう大人の目線によって励まされ、自信がつき、成長するのです。禁止と命令で育った子どもは、元気のない子に育ちがちです。とはいえ、大人として子どもたちを叱り、導かなければならないことは当然のことですが……。

そこで、「親」という字を考えてみました。「木の上に立って見る」と書きます。これは、会意文字といって、それぞれが意味を持つ漢字を組み合わせてつくられた文字です。

木の上に立つと、遠くが見えます。親は、遠くを見て子育てをしなさいという意味です。時に立ち止まり、ゆったりとした気持ちで、長い目で子育てをすれば、親も気持ちを楽に持つことができ、子どもたちものびのびと育つことでしょう。

子育ては、親が一方的に育てるのではなく、子どもを育てることによって、親も育っていくのです。遠くを見ながら子どもと一緒に歩いていけば、余裕を持って、楽しみながら子育てができると思います。要するに「子育ては親育ち」なのです。

人間には共同養育のＤＮＡがある

最近、子育てに関する悲しいニュースをよく耳にするようになりました。子育ては楽しく、みんなを笑顔にしてくれるもの、と思いたいのですが、現実は違うようです。

昔は大家族で、子育ては多くの人の目と手の中でされていました。また、隣近所に子どもを預けることもしばしばでした。

実は、人間には、乳幼児を母親のみで育てるのではなく、みんなで育てるという、「共同養育」のDNAが組み込まれているのだそうです。

それは、七百万年前に人類がスタートしたとき、子孫繁栄のために、毎年出産できる仕組みになったから、といわれています。ちなみにチンパンジーは、五年に一度しか妊娠しないので、お母さんがつきっきりで子育てをします。

また二足歩行の人間は、出産を容易にするために、赤ちゃんの脳は成人の28％しかないそうで、その後の母親の子育てがいかに大変かがわかります。

そのように考えると、お母さんが子育てに不安や孤独感を持つのは、自然の摂理だと思えます。ですから、父親の育児参加が必要となるのでしょう。そして、たとえ遠くに離れていても、祖父母とメールやネットを通じて関係を深めていくことは、お母さんにとって何よりの救いとなることでしょう。

教育は人格の感化

昔から、学ぶとは真似ることから始まるといいます。子どもたちは、親や先生の仕草や言動、考え方を見て育ちます。子どもは、大人の言ったようには育たない。大人がしたように育つ、といわれますが、確かにそのとおりだと思います。

子どもたちは、親を真似して学び、親の背中を見て育ちます。親に感化されるのです。同じように、教師の人格に感化され、先生方の人格に接しながら育っていきます。そういう意味では、教育は「人格の感化」といってもよいと思えるのです。

明治維新のリーダーを育てた吉田松陰の私塾「松下村塾《しょうかそんじゅく》」は、山口県萩市にありますが、みすぼらしい八畳間です。しかし、ここに何十人もの塾生が集まり学んでいました。そして、吉田松陰の人間的感化力によって、日本を背負う人材へと大きく育っていきました。

「高い志を持った人物となり、才能を磨くためには、良い師から受ける恩や良き友から得る影響は大きい」という、「師恩友益《しおんゆうえき》」の言葉が示すとおり、良い師、良い友との出会いによって人間性が磨かれ、高い志を持つようになり、世に出て行ったのです。

「教育は人なり」と言われますが、人的環境の大切さを示す、典型的な事例です。

教師の一言は重い

以前の新聞に、先生の一言に影響を受けた人たちは成人の三十数パーセント、という記事が載っていて、ある男性の実例が掲載されていました。

彼は、小学校では札つきの暴力少年であり、卒業の際に、担任の女性の先生にこう言われたそうです。

「今日でお別れだけど、中学に行ったら喧嘩はしないでね。だって、先生はもう助けてあげられないから」

その一言で、彼は「もう喧嘩はしない」と心に誓ったといいます。喧嘩をしない彼に対して、悪友たちが「本当は弱虫だったんだ」とさんざんからかってきたそうですが、それでもぐっと我慢して、先生の言葉を守り抜いたそうです。

後年、会社を経営し成功を収めた彼は、成功の秘訣は「我慢力」にあったと言っています。どんなにはやされても我慢し続けた、あの時に身につけた我慢力のお陰である、と。その我慢する力は、先生の一言によって培われたものだったのです。

暖衣飽食《だんいほうしょく》

江戸幕府を築いた徳川家康は、竹千代と呼ばれていた幼少の頃、近隣の大大名である今川家、織田家の人質として育ちました。

今川義元は家来に向かって「竹千代にはうまい物をたくさん食べさせ、好きなことを好きなだけやらせ、お守役には美しい優しい女性を付けるようにしろ」と命じたといいます。それを聞いた家来は「人質ごときになぜそんな贅沢をさせるのですか」と聞きました。

義元は「人質といえども、今、竹千代を殺すわけにはいかない。しかし、贅沢三昧の生活をさせて、竹千代を堕落した駄目人間にすれば、今川に歯向かって来られまい」と答えたと言われています。

このエピソードは、今の日本の子どもたちを取り囲む生活環境、教育環境にも少なからず当てはまることではないでしょうか。

我が国は飽食時代といわれ、その言葉ももはや死語となりました。ぬくぬくと重ね着し、食べたい放題の日常生活は、けっして教育環境としては適切ではなく、心に驕りを生み、ひ弱な人間をつくり出しそうです。

少し寒い、少しつらい、少し足りない、少し待つ――そのような生活環境こそが、やがては子どもたちをたくましく、自分の力で生きる素地を育んでいくことになるのだと思えてなりません。古めかしい説教のようですが、たまには必要でしょう。

けじめある暖衣飽食

前項の竹千代の人質時代のエピソードから、子育てには厳しさも必要と考えることでしょう。そのとおりなのですが、しかし、掘り下げて深く考えてみると、子育てには、もっと大事なことが見えてきます。

それは、子どもがしたいことはまず受け止めるということです。大人が考えて無理と思うことでも、頭から反対しては、子どものやる気、可能性を削いでしまいます。

子どもの言うことを適宜に受容することは、子どもが成長する上で大変重要です。やさしい家族に包まれることは、成長のエネルギーになるのです。子育ての要点を三つにまとめてみました。

けじめあり（大人がけじめの指標を持って、子育てする）
人にやさしく（他人の立場に立って考え、行動するようにしつける）
習い良し（子どもに、日々の良い習慣をつける）

三つのしつけ

「しつけ」というと、いかめしい響きがありますが、良い習慣をつける、と言い換えれば、日常の中のちょっとしたことに気をつけよう、と解釈できます。その良い習慣、しつけには、大きく三つあるといいます。

まず「身体のしつけ」です。子どもたちの健康を考えるとき、欠かせないのが食事と睡眠です。添加物や栄養のバランスを考えるのはもちろんですが、食事は、楽しくおいしく食べたいもの。そして、早寝早起きをして、良質な睡眠の習慣をつける。それらが健康な身体をつくるのです。

次に「言葉のしつけ」です。子どもは私たち大人の真似をして育ちます。「ありがとう」「ごめんなさい」など、明るいあいさつや元気な返事を私たちが率先して行うようにすれば、子どもたちも、自然に言えるようになるでしょう。

最後に「性格のしつけ」です。人は、一人では生きていけません。自分のことを大事に思う心と、他の人を大切に思う心、両方がないとよりよい社会生活は営めません。その両方の心を育む環境をつくることが、性格のしつけにつながるのです。

「身体のしつけ」「言葉のしつけ」「性格のしつけ」、どれも日々の生活の中にあります。三つのしつけは、平生の心がけによって培うことができるのです。気づいた時がスタート地点です。さあ、今から始めましょう。

ユダヤ人の家庭教育に学ぶ

ユダヤ人の人口は、世界の0・2%、千三百万人と言われています。有史以来多くの人材を生み、世界の歴史を動かし、ノーベル受賞者は実に23%に達するそうです。迫害、虐待の歴史の中で、ユダヤ人が、なぜ打たれ強く現代社会を動かすエネルギーを持っているのでしょうか。

ユダヤ人には「タルムード」という教えがあるそうです。その戒律は、家庭生活を中核にしており、家庭では「タルムード」によって道徳教育が徹底され、十三歳になると精神的自立を求められます。

反面、外でどんなに悲しいことがあっても、家の中はいつも明るく、清潔感が保たれているそうで、何よりも家庭は安息の場であると言います。家族とともに、また一人静かに過ごす日を一週間に一日つくり、休日としたのもユダヤ人です。

「タルムード」の経典は膨大であり、解釈することは極めて難しいのですが、中に「賢人の七つの特徴」があります。

一、長老や目上の人から話し始める。
二、人が話している途中で、話に割り込むことがない。
三、話すときには、事前によく考える。
四、あわてて答えない。
五、質問も答えもできるだけ簡潔にする。
六、筋道を立てて話し、話すべきことの順序を考える。
七、自分の知らないことや過ちは、素直に認める。

子育ての「原点」は家庭にあります。ユダヤ人の「タルムード」に学ぶことは多くありそうです。

清談《せいだん》を楽しむ家庭に

家庭は、職場や友人たちとの場と違って、いろいろな立場や年齢の人たちが一緒に、しかもお互いの影響が濃い関係で暮らしています。ですから、家庭内では、そういう状況を考えて、話題を選ばなければなりません。

家族団らんの食卓で、他人の噂話や金銭的な損得の話など、世俗的な話は適切ではありません。こういった類の話は、子どもたちの心の教育や、情操の育成にはふさわしくないのです。

では、どんな話がよいかというと、一言で言えば「清談を楽しむ」ということです。清談とは、世の中で「正しいことは何か」「恥ずかしいことは何か」という話であり、趣味や芸術など「美しいもの」や「素晴らしいもの」の話をすることです。

目先の処世の話ではなく、清談の多かった家庭の子どもこそ、将来、他人に迷惑をかけず、自らも安定した人生を歩むようになることでしょう。

健やかな体、康らかな心

「健康」の語源は、「健体康心《けんたいこうしん》」からといわれています。「健康」とは、健《すこ》やかな体と康《やす》らかな心が備わった状態をいうのでしょう。

私の友人に、七十歳を過ぎてもなお、山登りを趣味とし身体を動かすことをいとわない、極めて元気な人がいます。彼は小さい頃から、家族で山登りやハイキングを楽しんでいたと言います。そうした運動や積極的に身体を動かす習慣が、今でも続いているというわけです。

康らかな心の持ち主になるには、何といっても、家族の団らんが礎になります。現代は、家族みんなが、仕事や家事にとそれぞれに忙しい日々を送っています。

しかし、みんなの心が家族に向いていれば、自然と一家団らんはつくれるものです。それは、子どもたちだけではなく、お父さん、お母さんにとっても生きる活力になり、何よりも心が康らかになる源泉となるでしょう。

幸福は足元にあります。毎日の生活の積み上げが、素晴らしい人生、健康な生活を築くことになるのです。

若い人たちへ

昔の中国では、十代の頃に学問を始めることを「志学《しがく》」（48ページ参照）と言いました。一生懸命勉強して立派な人になろうと、志を立てる年齢だったのです。

仏教では、学生《がくしょう》期といって、将来に備えて学問、技術、教養などを身につける時期でした。

このように、若いときはいろいろなことを学び、吸収する時期です。若い人たちへのメッセージとなるような名言を選んでみました。

人は志と共に若い

「立志」とは、自分はどのような人になりたいか、どのような人生を送りたいのか。そのためこれからどのような青春を過ごしたらいいのかを、自分自身の胸に問いかけることです。

竹は節を刻むことによって強くなる、といいます。志を立てた日は、永い人生にとって大きな節を刻む時、すなわち、竹の節に当たるのです。「立志」は、昔の人が詠んだ漢詩にもあります。

「志《こころざし》を立て　郷関《きょうかん》を出《い》ず　志成らずんば　死すとも帰らじ」

志を立てて郷里を離れるからには、達成しないかぎり二度と戻らない、という固い決意、覚悟を詠んでいます。

また、私の好きな詩にサミュエル・ウルマンの「青春の詩《うた》」があります。

「人は志と共に若く、失望と共に老いる」

私流に解釈すると、「志がない日々を送る者は二十歳でも老人であり、また志に燃える日々を送る者は八十歳でも若者である」

若いときは志に向かって青春の全知全能を傾けることです。そのことが、これからの青春を、そして人生を、心身ともに豊かにしてくれます。

運・鈍・根

福島県の猪苗代湖の湖畔に黄熱病《おうねつびょう》治療で実績を残した、世界的な医師・野口英世の生家が残されています。貧しい農家に生まれた彼は、大学の医学部に行かずに、独学で医者になることを決心します。

そして、生家の木の柱に、「志が遂げられなければ、再びこの地は踏まない」とナイフで刻み、故郷を後にしました。自分の信念のどおり、見事に医者としての人生を歩み、偉大な足跡を残したのです。

野口の、目標を立てそのために命がけになるという教訓は、若い人たちに参考になる話です。

目標を立てる、志を立てる、しかも具体的に。次に、目標を立てたら、彼のように、断固「やり抜く」という覚悟が必要です。とりあえずやってみよう程度の考えでは目標は達成できません。

「運・鈍・根」といいますが、少し運が悪くても、少し能力が劣っても、「根気」があれば、何が何でもやり抜くという覚悟で臨んでいれば、目標は必ず達成できます。やり続ける「根気」が、物事を成し遂げられるかどうかを決定するのです。

しかし、そうとわかっていても「根気」が続かない、という習性を人間は持っていています。いかに継続することが難しいか、粘り強く頑張ることが困難か。だからこそ、「運・鈍・根」を肝に銘じなければならないのです。

人生の海図を描く

船が横浜の港を出航する時、ハワイに行くのか、シンガポールに行くのか、あるいは香港なのか。船長は海図を見ながら、それを頼りに進路を決定します。海図がなければ、どんなに立派な船でも、いかに優秀な船長が舵を取っていても、目的地には着きません。海図なき航海は、「当てのない旅」となります。

そこで、若い人たちには、これからの「人生の海図」を描いてもらいたいのです。途中で目的地やコースを変更してもいいので、今自分は船に乗って航海している、何かに向かって進んでいることを自覚してほしいのです。そして、遠くの夢と近くの目標を持ってください。遠くの夢はおぼろげでいいのです。しかし、近くの目標のために、今年一年間、あるいは学生時代の何年間かの海図を描いてもらいたいのです。

また、海図を描いたら、必ず実行に移してください。実践のプロセスで悩むこともあるでしょう。誰でも経験することです。しかし、人生万般にわたって何よりも大切なことは、あきらめず根気よくやり続けることです。やり続けることによって、その先には必ず希望の光が差してくることでしょう。

高い木と深い根

「体力」「知力」「精神力」、これらは言うまでもなく人間としての基礎であり、長い人生を生きていく上での、絶対必要な条件です。

基礎とは、建物でいえば土台に当る部分です。土台がしっかりしていなければ、どんなに立派な建物でも嵐や地震で倒れてしまいます。

また盆栽は、見かけはきれいで形は整っていますが、少し水が不足したり、日照りが続くと枯れてしまいます。それは、根っこが地中深く根付いていないからです。見かけは美しく立派でも、地震や嵐に弱い建物と同じなのです。

人生は、根っこのない「盆栽」のようなものであってはならないと思います。ですから、若い時分はひたむきに、人生の「根っこづくり」に邁進することが肝要です。

基礎づくりの大切さを端的に表現すると、「高い木には、深い根がある」ということです。青々とした葉をいっぱいに広げた、見た目にも堂々とした木には、それ相応の根っこが地中に深く、広く張っているのです。目には見えなくても、地上に表れている以上の根っこの存在があるのです。

人間も、それ相応の人になるならば、それなりの基礎がなければなりません。その基礎の三大要素が「体力」「知力」「精神力」なのです。

孟母断機《もうぼだんき》の教え

今からおよそ二千年余り前、中国に孟子という哲学者がいました。

孟子は、大きな志を抱いて都に行き、学問の道に努めていました。しかし、毎日の勉強が辛く、志半ばで家に帰ってきてしまいました。母はそのとき機織《はた》りをしていましたが、刀を手に取り、織っていた布を断ち切ってしまいました。

「あなたが学問を止めてしまうのは、私がこの織物を中途で断つことと同じです。」

以来、孟子は一日中勉学に励むようになり、天下に知られた儒者となったのです。

何かを成し遂げようと思っても、中途であきらめたら織っていた布を断ち切って無駄にすることと同じ、苦労が水の泡になることのたとえ話です。

しかし、人間は弱いものです。志だけではモチベーションは保てません。孟子は孝行心からまた前へ進み始めましたが、私たちにも何かしらの動機づけがないと困難でしょう。

そこで、一つの方法として、達成しやすい目先の目標を定めるのです。その一歩一歩が到達点へと続くように。そしてそれを楽しむことです。いつか成就することを信じてけっしてあきらめない。それがいちばん大事です。

まず三カ月やってみる

目的に向かって実践していく心構えは、「自分でやろうと決めたことを、習慣になるまでやり続ける」ということです。良い習慣が身につくと、その人の人生がよい方向に向かいます。

人間、生まれつきはそう変わらないが、毎日の習慣が良いか悪いかによって、その人の人生が左右される、と言います。

一つ例を紹介しましょう。『三国志』で有名な諸葛孔明《しょかつこうめい》の話です。

孔明のエピソードに、「百日の精読」があります。精読とはじっくり読むことで、約三カ月間、同じ本を毎日繰り返し読み続けたところ、完全に内容を理解できるようになった、というのです。

私はこのことから、読書という良い習慣のことに加え、習慣は三カ月から成る、と考えました。三カ月やり続ければ習慣となる。それは、習慣をつくる期間と言えるでしょう。

読書以外の目標を立てた人にも、同じことが言えます。心に決めたことをまず三カ月やってみる。思い立った日をスタートとして習慣づくりをしてみたらいかがでしょうか。そうすれば、必ず、次なる高い目標が見えてきます。よき習慣はよき人生につながるのです。

自らを律する心を持つ

日本では、かつて元服といって、十代の頃に大人になる儀式を行う習慣がありました。経済的なことは別として、精神的に自律する年頃、と考えられていたのです。自らの意思で志を持ち、そして、その志を貫くために自分を律していくことができる年齢に達した、ということです。

現代は、昔よりも自由であり、たとえ子どもでも、ひとりで何でもできる便利な時代になりました。しかし、物理的に自立しているとしても、精神的にはどうでしょうか。

先般、スマホ依存症の報道を見ました。頻繁にメールが来ないと不安になる、というのです。友だちを多く持ち、コミュニケーションを図ることは、とても大切なことです。しかし、自分の存在を見失うほどの交友を求めるのは、大変危険なことです。

自分自身の考えをきちんと持つ、友人の考えもしっかり受け止める。自分と相手の立場を認識し、お互いの違いを理解した上で、双方とも認める。そういうことを、「自律」というのです。それは、友人との間だけではありません。お父さんやお母さんとの関係も、同じです。

自分の意思を持つ、相手の立場を思いやる、それができて初めて自律した人間、大人と言えるのです。相手を受け入れ、その妥協点を見つけながら自己主張する、そういう「自らを律する心」「自律の精神」を養ってください。

惻隠《そくいん》の情《じょう》

いつの世にもあるのですが、政治の世界や経済界において、日本のリーダーであるべき人たちによる忌まわしい事件が起こります。いわゆる、頭のよい、優秀な人たちが犯してしまう出来事で、原因は「自分だけがよければいい」という、身勝手さから出た行為です。

日本は、歴史的に道義を重んじてきた国です。道義とは、人として正しいことを行うことです。円滑な人間関係や信頼できる社会をつくるために、相手や他人の立場に立って発言し、行動することが美しいとされてきました。

人の痛みを自分の痛みのように感じる、相手の立場に立って考えることを「惻《そく》隠《いん》の情《じょう》」といいます。これは、日本人の心の原点とも言える教えであり、日本人の常識やマナーの土台となっています。

この言葉は、ともすれば自分勝手になりがちな私たちに、ちょっと立ち止まって考える、警鐘の役目をしてくれる言葉です。

自分の立場も主張するが、相手の意見にも耳を傾ける、時折、「惻隠の情」の四文字に思いを致してください。そのことが「人によって生かされ、他人をも生かすことになる」と思います。

万象《ばんしょう》は師なり

万象とは、形あるものすべてという意味ですが、ここでは拡大解釈して、自分のまわりに起きている事柄すべて、という意味にとらえます。万象は先生であり自分を磨くための砥石《といし》である。言い換えれば、気持ちの持ちようによってすべての事柄から学べる、ということです。

人生に無駄はありません。どのような体験、経験も「万象は師」。そこから何らかを学び取ることができるのです。それが人生の糧、すなわち、私たちがよりよく生きるための栄養になります。

そして、「遠いところへ行くには、近いところから一歩を踏み出す」とあるように、チャレンジする時は、華やかな到達点ばかりを見るのではなく、地道な、着実な一歩から始めるのです。足元を見ずに、夢を追って上ばかり見ていると、水たまりがあっても、穴が空いていても気がつかず、大怪我をしてしまいます。

大きな志を胸に抱き、自分のまわりのすべてのものから学ぶ、そして、足元を見てしっかりと一歩一歩を着実に進む、このことをぜひ忘れないでほしいのです。

量は質に転化する

天才とは99％の努力と1％のひらめきである、とはよく言われることです。言い換えれば、天才であっても、汗をかく努力なくしては、成果は出ないということでしょう。

四年に一度のオリンピックが巡ってくると、私たちはアスリートたちの美技と強い精神力に圧倒されます。そして、そこまでたどり着くまでの練習量の多さに驚かされます。

私の郷土出身でソウルオリンピックの金メダリスト、鈴木大地さんが子どもだった頃の、プールでの練習の様子を聞いたことがあります。

小学校低学年のとき、毎日毎日、室内プールで何時間も一心不乱に泳ぎ続けていたそうです。そういう練習が、二十一歳でオリンピックに優勝するまで続いたのでしょう。それまで泳いだ距離は、きっと地球を何周もした長さになったに違いありません。

相応の量をこなすと、あるとき、ステージが一段上がるといいます。「量から質へ」転化するのです。とくに運動選手の場合は、それが顕著に現れます。それまでは、何も考えずにただ泳ぐ。すると、身体が何かをつかむのです。

読書の場合でも、同じことが言えます。百回読むと自ずから意味がわかってくるといいます。

学業において、運動において、また、仕事の結果を出すために、多量の汗を流し99%以上の努力をすると、必ず一つ上の「質」が身につきます。

成功は、皆さんの汗の中にあります。努力の先を信じて、今を確かに歩くことにあるのです。

腹心気己人

「腹心気己人」この五つの文字は、ハラ、ココロ、キ、オノレ、ヒト、ですが、これをこのように表示します。

広瀬良子 書

「腹は立てずに、心は丸く、気は長く、己は小さく、人は大きく」と読みます。室町時代のお坊さん、一休禅師が書いたといわれています。あまり短気を起こさずに、少し我慢して、相手の立場に立っておつき合いをしましょう、ということです。

さすが一休さんです。世の中を渡って行くには、相手の立場に立って考えることが大事と教えているのです。そうすれば、相手もこちらを大切にしてくれて、人間関係が良好になることをよくわかっているのです。

一休さんは、私たちが長い人生を生きていくための知恵を、とんちの漢字五文字に託しているのです。

水魚《すいぎょ》の交わり

よい仲間、親友がそばにいるということは、自分の人生がとても楽しく、豊かになります。お互いに話し合える仲間は、人生の宝です。

水と魚が、お互いに切っても切り離せない関係であるように、離れることのできない親密な間柄のことを、水魚の交わりといいます。この言葉は、『三国志』で知られる蜀の王、劉備玄徳が諸葛孔明と自分の間柄について語った故事から出ています。

一生の友、切っても切れないほどの大切な友人を持つことは、長い人生において大変心強く、生涯の糧になります。

ぜひ、そのような友人に出会ってください。ただ、水魚の交わりほどの親友を持つためには、自分自身が、仲間たちから見て友人に相応しい、頼りになる人に成長することだと思います。

三猿の深い教え

日光東照宮には、伝説的職人である左甚五郎の「三匹の猿」の彫刻があります。「見ざる」「聞かざる」「言わざる」です。この「三猿」は、「悪いことは見ない」「悪いことは聞かない」「人の悪口や余計なことはしゃべらない」という教えだと言われています。

実はこの「三猿」、もっと深い意味があるというのです。ただ「見るな」「聞くな」「しゃべるな」ということだけではない、というのです。「悪いことは見ない、聞かない」だけではなく、大切なこと、必要なことは「よく見る」「よく聞く」、そして「余計なことはしゃべらない」だけではなく、自分の生き方や意見は「はっきり言う」ことが肝心だというのです。

この情報過多の世の中で、自分を見失わないように、自分の周囲に起きていることを、よく見て、よく聞いて、そして自分の立場をきちんと述べることが、大切なのです。

犬も歩けば棒にあたる

「犬も歩けば棒にあたる」これは、いろはかるたにある言葉ですが、この意味は二つあるといいます。

一つは、それとなく行動していても思いがけない幸運に出会う、という意味です。家の中にばかりいないで、外に出て友だちや知り合いの人たちと積極的に会いなさい。すると、いろいろなことを知って学ぶことができますよ、と。

二つは、あまり出過ぎると痛い目にあう、という意味です。周囲の状況をよく見ずに自分のことばかり言っていると、人から嫌われ、人の話を聞くチャンスを逃しますよ、いい情報が入らずに損をしますよ、ということです。

今、世の中は、自分を主張することの必要さ、大切さを言うあまり、もっと大事な、まず「人の話を聞く」ということがおろそかになっています。

若いときは、積極的に友人たちと会うことが大切ですが、大人と子どもの違いは、自分の主張ばかりではなく、人の話を聞くことができるか、相手の立場を考えることができるか、ということにあります。

この二つの意味をよく理解できるようになると、何気ないかるたの言葉にも、学ぶものがあります。

山より大きな猪はいない

「山より大きな猪はいない」ということわざがあります。山に生息するイノシシが山より大きなはずがないように、その人の許容範囲を超える物事は、その人には起きない。どんなに苦しい局面や大変な状況におかれても、その災難や問題の大きさには限度があり必ず解決する道がある、ということです。

社会人になると、いろいろな権利が得られると同時に、仕事や私生活において、さまざまな責任や義務が生じます。楽しいこと、うれしいこと、時にはつまずきや、思いどおりにならずに苦しむこともあるでしょう。しかし、どんなことにぶつかろうとも、人生、何とかなるものです。必ず、第二、第三の道があります。

また、そのとき解決できなくても、時が経てば、難しいと思ったことも解消されていくものです。無理に解決しようとせずに、待つ、という選択肢もあることを覚えておいてください。

昔の人の戦術に、自分が手を下さず相手が自滅するのを待つ、という方法があります。武術やスポーツにおいても、攻め込むだけではなく、相手の失策を待つ戦法があるのと同じです。そのためには、自分自身の力を蓄え信じることが肝要です。そして、静かな心でまわりを見られるかどうかが、決め手になります。

弱気にならない、あきらめない、いつも前を見る、そして、そのことにとらわれないことが、最も大事なことです。

ねずみの嫁入り

「ねずみの嫁入り」という昔話を知っていますか。ねずみのお父さん、お母さんが、娘のチュー子のお婿さんを探す話です。

ねずみのお父さんとお母さんは、世の中で一番えらいお婿さんをもらおうと、まず太陽のところに行きました。すると太陽は、自分よりも自分を曇らしてしまう雲のほうがすごいと言いました。雲は、風に吹き飛ばされてしまうから、風のほうが強いと言い、風は壁にはかなわないと言いました。

壁が世の中で一番えらいと思った親ねずみは、壁に聞きに行きました。壁は、「確かに私は強いけれど、その私をかじって穴を空けてしまうのは、ねずみさん、あなたたちです」と答えました。そこで、結局は、チュー子の幼なじみのチュー太郎をお婿さんに決めた、という話です。

この話は、すなわち「幸福は一人ひとりの足元にある」ということでしょう。

牛歩《ぎゅうほ》の一歩

牛は、速度はゆっくりですが、着実に一歩一歩を歩きます。前に前に確実に歩を進めることを、昔の人は「牛歩の一歩」と言いました。長い人生においては、上り坂、下り坂、まさかの坂があると言います。あせらず、くさらず、めげずに、一歩一歩を確実に歩む尊さを、牛歩に例えたのでしょう。

ゆっくりであることを、物事が進まない様ととらえるか、物事を着実に運ぶ様ととらえるかによって、牛歩の考え方は変わりますが、牛のようにどっしりと構え、わき目を振らずにのっしのっし歩く様子は、目まぐるしい現代社会に生きる私たちにとって、見習うべきことだと思います。

現代は、すぐにでも結果を求める風潮や、早くに成功を収めることを称賛する傾向がありますが、実は、じっくり熟成するのを待つ育て方や、大器晩成を望む生き方のほうが、往々にして大きな人間になるものです。

爪先立って転ぶよりも、しっかり地に足をつけて歩く。けっしてあとずさりはしない。一歩一歩を、牛歩であっても進んでいく。前へ前へという意気込みがあっての牛歩です。

大人虎変《たいじんこへん》

虎は、夏は毛が薄くて見る影もありませんが、秋になると美しい毛が生えそろい、見事に立派な虎に変身するといわれます。このことから、ある時を期して、ひと回り大きく成長することを、「大人虎変」と言います。大人《たいじん》とは立派な人物のことです。立派な人は虎のように見事に変わる、成長する、ということです。

人生の転機は、ひょんなことから生まれます。何気ない言葉や映像から受けた感動によって引き起こされることもあります。

深い感動が自分のやりたいことを生み、それが決意と変わるとき、虎が一夜で大きく成長するように、人は内部で大きな変化が起きるのです。

目標を持ち、今、何ができるのか、何をしなければいけないのか、と考え始めたとき、それは、人生が大きく羽ばたき始めた瞬間です。小さな決意が、やがては大人虎変へとなるのです。

龍となれ！ 雲自ずから来たる

龍は、この世の中には存在しません。ですが龍は、夢や希望を叶えてくれる架空の動物として、昔から言い伝えられています。龍に例えて、私たちに励ましのエールを送ってくれる物語や言葉がたくさん残っています。

「龍となれ」とは、目的を持って夢に向かって突き進め、ということです。そうすれば、「雲自ずから来たる」。周囲の人も応援してくれて夢がきっと成就する、というのです。また、龍のような高い志を持ち続ければ、その姿に自然と人々が集まってくるということでもあります。

しかし、自らが燃えなければ、雲を湧き起こすことはできません。自分の人生を有意義なものにできるか否かは、すべて、自分自身のやる気にかかっているのです。

広い門から入って学ぶ

「若い」という意味には、生まれてから多くの年月が経っていないこと。経験が少なく未熟であること。しかし気力が満ち、希望にあふれていること、などが挙げられます。

若い人はよく白いキャンバスに例えられますが、それは、良くも悪くもまわりにいる人たちの影響を受けやすく、どんな色にも染まりやすいからです。

若者は、自分では意識していなくても、いろいろな人から、そしてあらゆるものから学ぼうとしています。そして、大人よりもずっと多くのことを短期間で吸収し、消化し、血や肉にしています。ですから、白いキャンバスが、あっという間に色に染まってしまうのです。

しかし、それならばなおのこと、若い人たちは無意識のままの色に染まる前に、自分はどのように生きたいのか、どういう目的を持つのかを、自分自身で考えることが大切です。

また、自分で考えるためには、正しく物事を見る力、判断する指標が必要になります。その力を養うために、学ぶことが大切になってくるのです。

一口に学ぶといいますが、学び方にもいろいろあります。私は、若い人たちの学問は「広い門から入る」と考えています。いわゆる常識的な学問を学んでから、専門的、もしくは特殊な学問を学ぶ、ということです。

それは、たとえば宗教や思想において、盲目的な偏りをなくすためであり、科学においても、倫理観や人道的立場を忘れないためです。

東洋思想を学ぶ上でも、順序があるといわれています。東洋思想には、大きく分けて三つの教えがあります。

一つは、人はまじめにコツコツ努力して正しく生きるべき、と教える儒教（孔子）。二つは、人はあるがままに為すがままに自然体で生きよ、と教える道教（老子）。三つは、人は法によって監督すべきという法家（韓非子）。

若い時分に老子に傾倒すると、人生を達観しすぎて、努力を無意味と考えてしまう危険性があります。また、韓非子に影響を強く受けると、思いやりに欠けるようになるかもしれません。

東洋思想を学ぶ順序は、若いときは儒教をまず学んで、人生に真正面から取り組み、正しい道を歩もうと努めることが肝心です。人の心や社会の仕組みがわかってから法家思想を学び、家庭や仕事が一段落してから、自然体に生きる老子に習うことが大切でしょう。

◉第一部に出てくる『論語』の言葉（五十音順）

◉あとがき

「まえがき」に記したように、私は『徳川家康』の縁で『論語』や『大学』に出会い、これまで自学自習のスタイルで東洋思想の勉強を重ねてきました。そして、そこで得たリーダーシップや対人関係、組織運営、危機管理のあり方を、現実の事業経営に生かしてきたのです。

一方で、昭和四十二年に千葉県八千代市に学校法人北辰学園を開設し、理事長として幼児教育に努めてきました。今年で創立五十周年を迎えた「八千代幼稚園」と「第二八千代幼稚園」は、確たる教育理念のもと地域の方々に愛され、これまで八千五百人あまりの卒園生を送り出すことができています。

こうして教育に携わりつつ事業にも力を注ぎ長年歩んできましたが、最終的にたどり着いた目下の最大関心事は「人材教育」です。

世に役立つリーダーが育つには、何より子どものときからの家庭教育、さらに「志学」「而立」「不惑」という、それぞれの年齢に見合った本人の自覚が大切なのではないでしょうか。本書は、子育てに悩む若い両親や、若手社員の成長を期待する中小企業の経営者にも有益な言葉を選び、解説したつもりです。

「一言よく人を生かす」と言われるように、名言には魂がこもっています。そういった言霊を、著者のフィルターを通して解説しました。ぜひ読んで、その言葉を口ずさんでください。語り継がれた言霊は勇気と希望を与えてくれます。

この本が世に出るにあたりご協力いただいた、学校図書株式会社の奈良威さん、北辰文化倶楽部の浅海世津子さん、そして195ページの筆写を担当し、ひたすら幼児教育に専心してきた八千代幼稚園園長の広瀬良子に、心より感謝します。

広瀬 幸吉

●参考文献

◎吉田賢抗『論語』
昭和三十五年五月二十五日　明治書院

◎金谷 治『論語』
昭和三十八年七月十六日　岩波書店

◎安岡正篤『東洋思想十講』
昭和五十二年十一月十五日　全国師友協会

◎島田虔次『大学・中庸』上・下
昭和五十三年八月　五日　朝日新聞社

◎村山孚『孫子・呉子・尉繚子・六韜・三略』
昭和四十年六月三十日　徳間書店

広瀬幸吉
（ひろせ こうきち）

1940（昭和15）年、千葉県習志野市に生まれる。早稲田大学大学院修了。学校法人北辰学園理事長　北辰文化倶楽部理事長。
大学院では斎藤金作教授に師事し、「少年犯罪」を研究テーマに、教育心理学を学ぶ。在学中より東洋思想に共鳴、勉学の傍ら私塾を設け『論語』を講じる。また、折にふれ、信州の大自然の中で東洋思想についての研鑽を重ねる。その逗留先の正福寺が、NHKラジオドラマ『鐘のなる丘』の舞台となった戦争孤児施設の隣にあり、住職・藤森景正師は子どもたちの教誨師であった。
大学院修了後、『鐘のなる丘』に因み、「とんがりぼうしのやちよ幼稚園」と名づけた学校法人北辰学園を千葉県八千代市に設立。同時に、陽明学者安岡正篤氏の主宰する「全国師友協会」に入会。月刊誌「師と友」によって東洋哲学の蘊蓄に触れる。1988（昭和63）年、千葉県船橋市に「北辰文化倶楽部」を創設し、東洋思想の研究、出版及び講演会を主催。知は行いによって完成する「知行合一」を信条とし、自らもビル経営等の事業に専心している。

〈主な著書〉
『現代に生きる論語』、『新 現代に生きる論語』、『まんがde論語 上・下』『海舟の論語的生き方』（以上、学校図書）、『人間関係をよくする気づかい術』『人生をよりよくする人間形成術』（以上、東京書籍）、毎日中学生新聞に一年間連載した『中国の知恵』 など。

リーダーのための **心を強くする論語 人生が変わる名言**

2017年　4月1日　第1刷発行
2017年12月7日　第3刷発行

著　者……………… 広瀬 幸吉
発行者……………… 中嶋 則雄
発行所……………… 学校図書株式会社
〒114-0001 東京都北区東十条3-10-36
電話 03-5843-9433　　FAX 03-5843-9440
印刷所……………… 図書印刷株式会社

ISBN978-4-7625-0183-8